出组卜辞
与殷商史事钩沉

韩文博 著

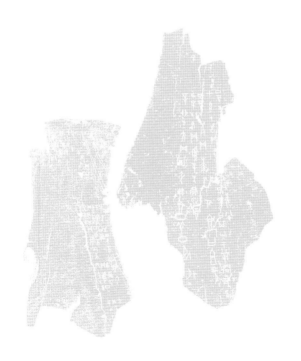

上海古籍出版社

四川大学古文字与先秦史研究中心
发展基金资助

序

文博跟随我学习古文字学已有十数年，主要研究兴趣集中在商周青铜器及甲骨文方面，翻检一下他发表的论著，这一点便不难证实。近年来，他和四川大学古文字学团队主要的研究方向集中在甲骨文方面，依托"殷墟甲骨文分类与系联整理研究"以及"新修甲骨文字典"等国家社科基金重点、重大项目，一方面，全面系统地对殷墟甲骨文材料进行整理，以充分发挥它们的史料价值，便于相关学科的学者和爱好者对甲骨文的利用；另一方面，通过项目制的方式进一步培养甲骨文等古文字学方面的人才，促使他们快速成长。文博近年来致力于出组卜辞的整理研究，用力颇深，在分期断代、人物事类、礼仪制度等方面都有一些新的思考，遂撰成此书，希望能对学术研究有所裨益。

该书以出组卜辞为研究对象，依内容大致可以概括为三个专题，即分期断代（一、二章）、人物事类（三、四、五章）、礼仪制度（六、七章）。体例完备，考论翔实，稽古钩沉，发微抉隐，是对出组卜辞的新一轮挖掘研究，对进一步促进甲骨学、殷商史以及商周考古学的发展奠定了良好基础，具有重要的学术价值，体现了独到的学术眼光。同时，甲骨学作为优秀传统文化中的"冷门绝学"，该著作的出版将对以甲骨文为代表的古文字学的传承与发展做出应有贡献，具有重要的社会价值。该书在学术观点、理论方法、体例编排等方面具有较为突出的优点，可大致归纳为以下几方面。

一、书中创新之处颇多。如通过"小匄殟"的一组卜辞，研究商代的丧葬制度、庙号制度以及人物身份等。认为商代已有守丧制度，庙号来源于葬日说以及"小匄"为武丁之妃妣癸说。从考古学的角度，对出组卜辞的年代上限为武丁末期这一观点详加论证，较为可信。认为"王西言"卜辞与占梦、解梦相关，为后世占梦制度的渊源。"卜王辞"是商王出行卜辞，凡未记地名者，皆指在当时的王畿范围内，是商王巡视疆土、治理国家的重要活动。书中像这样的地方还有不少，读者可自行参看。上揭诸观点，或为作者首次提出，或对旧有观点详加论证，具有重要的参考价值。

二、在理论方法的运用上，作者大胆尝试运用多学科交叉、多重证据并举、打破组类限制等新的研究方法，对出组卜辞进行了再一次的综理。其所尝试解决的诸问题，长期以来迄无定谳，经作者之研究，该问题的解决又推进了一步。在当前尚无新材料出现的情况下，要想利用旧有的甲骨材料解决相关学术问题，其路径只有一条，那就是理论方法的革新。文博的这本著作，就是这方面很好的例证。

三、该书体例统一，继承和吸收了前辈学者在古文字学著作方面的优秀成果。书中不仅罗列了甲骨著录书籍的全、简称对照表,而且还对写作凡例等进行了详细说明,使读者一目了然。

此外,该著作图文并茂,据统计书中有各种图版及插图 80 余张,清晰准确、来源可靠,十分有利于读者对照阅读,大大提高了甲骨学著作的可读性。

"吾生也有涯,而知也无涯"。学术研究之路漫长而艰辛,但只要深入研究,潜心于学,仍然不乏收获和喜悦。相信文博凭借着对古文字学坚定不移的热爱,对学术真知的孜孜追求,在古文字学蓬勃发展的"春天"里,一定会取得更加丰硕的学术成果。

彭裕商

2024 年 3 月 18 日序于江安花园寓所

凡　例

一、书中释文一律用宽式隶定，如"且""才""匕"等均写作"祖""在""妣"。

二、据卜辞文义，字有残缺者用"□"表示，一个□表示一个字；所缺字数在两个以上者用"…"代替。

三、书中不释之字的处理主要分为两种情形：其一，无法隶定者，截取原字形图代替；其二，可以隶定但仍不识者，用所造之字或"☒"代替。

四、凡根据卜辞文义可补足残缺之字者，一律用［　］号标注，如［甲子］，指根据文义补所缺干支"甲子"；"十一［月］"，指根据文义补"月"字。

五、为使行文简洁，文中所引各著录书一律用简称，见附录"引书简称表"。

目　　录

绪　论

一、出组卜辞概论

　　1933年，董作宾先生率先提出
"贞人"说，并将其作为甲骨断代的十
大标准之一。"贞人"的发现，为此后
的殷墟甲骨分类与断代奠定了坚实基
础，甲骨组类的划分主要以贞人之间
的相互联系为依托，将字体相同、年代
相近的甲骨聚合为一个集合群，而出
组卜辞就是以贞人"出、兄、大、旅"等
为基础，辗转联系起来的一个甲骨群，
以"出"为代表，故名。据统计，目前发
现的出组卜辞总计有 7 000 余版，出
土地点几乎都在小屯村北，小屯南地
仅出土一片出组卜辞（图 X‑1，《屯
南》2384），内容为卜王辞，同版还有一
条历组卜辞。因此，李学勤先生将出
组卜辞划入"村北系"，历组、无名组卜
辞划入"村南系"。

　　出组卜辞的内容主要以祭祀为
主，战争卜辞很少，另外还有较多天文

图 X‑1　《屯南》2384

气象及社会生产生活等方面的记载,其中还包括许多非常独特的卜辞,如"卜王辞""王西言"卜辞等,其他组类均未见。出组卜辞字体特征明显,演变有序,学者对其类别及年代的划分意见基本一致,仅在个别地方略有差异。通过对出组卜辞的全面梳理,我们认为李学勤、彭裕商二位先生对出组卜辞的分类可信,他们将出组卜辞划分为两大类三小类,分别是出组一类、出组二 A 类、出组二 B 类①,现就其在字体、辞例、内容、称谓等方面的特征分析如下,以供参考。

　　出组卜辞根据"王""又""贞"等字之特征可以分成两大类,出组一类"王"字无上之横笔作"🔲",出组二类均已加横笔作"🔲、🔲、🔲"②;出组一类"有"作"🔲",出组二类作"🔲、🔲",仅有二 A 类中个别承袭一类作"🔲";出组一类"贞"作"🔲",出组二类作"🔲、🔲"。在出组二类中,又可以根据"贞""又""宾""旅""不""雨""叀""隹""自""上甲""兄庚""父丁"等细分为两小类。

　　(一)出组一类

　　出组一类字体上承宾组二类,事类上发现有"同文"卜辞(详本书第二章),字体规整、笔画遒劲有力、大小不一,行款略显凌乱。典型性字体,如"王"无上横画作"🔲";"贞"字耳、腹、足清晰可辨,且两耳之间距小于两足之间距作"🔲";"有"不作右手形而作"🔲";"辛"上无一短横作"🔲";"巳"表示孩童之手臂平直作"🔲";"不"字最上端横笔不贯穿左右斜笔作"🔲";"自"鼻梁圆润、内中一横作"🔲";"祸"上窄下宽,底部呈圆弧形作"🔲";"子"作"🔲",个别作"🔲";"羌"字人膝基本不弯曲且脖颈处无束缚之绳索作"🔲";"隹"字短喙,翼、足俱全作"🔲";"庚"字平肩作"🔲";"以"字人膝前屈成俯首状作"🔲";"宾"字不从止作"🔲"。现就其典型性字体择

---

① 李学勤、彭裕商:《殷墟甲骨分期研究》第 128—138 页,上海古籍出版社,1996 年。
② 有极个别出组一类向出组二类过渡的卜辞中已出现了"王"字加一短横的写法。

要归纳为表 X-1，以供参考。

表 X-1　出组一类典型性字体举例

王	贞	有	辛	巳	不	自	祸	子	羌

佳	庚	以	宾	子	丑	寅	辰	午	未

申	酉	戌	亥	酒	更	宰	翌	其	用

说明：首行为该类常见字体，次行为偶见字体。

　　本类卜辞主要以祭祀为主，前辞形式作"干支卜某贞"和"干支卜贞"，贞人有出、大、兄、祝、中、坚等，记月方式作"某月"，如《合集》23536 之"十月"、22595 之"八月"。重要称谓有父丁（《合集》23179、《英藏》1957）、母辛（《合集》23430），无兄庚。未发现甲桥刻辞，有骨臼刻辞（《掇三》15）和骨面刻辞（《合集》24432、41066）。本类可举《合集》22742、23532、23711、23717，《怀特》1267、1268 等为例（图 X-2、3、4、5、6、7），其余详见文末附录二。

　　（二）出组二 A 类

　　出组二 A 类字体上承出组一类，最明显的特征是多用折笔，字体规整、笔画纤细、行款较为整齐。典型性字体，如"王"上已加横画且三横画之距离等分，钺刃多呈弧形作""；"贞"字最具特色，上窄下宽，耳、腹、足浑然一体，笔画集中分布在上端，有头重脚轻之感,作"□";"有"折笔明显作"□";"辛"上无一短横作"□";"巳"表示孩童之手臂倾斜作"□";"不"字最上端横笔贯穿左右斜笔作"□";"自"鼻梁圆溜、内中一横与两短竖相连呈 U 字形作"□";"祸"上窄下宽呈梯形状作"□";"子"作"□";"羌"字人膝向前弯曲且无捆缚之绳索作"□";"隹"字长喙作"□";"庚"有平肩、斜肩两种写法作"□、□";"以"字人体近笔直状作"□";"宾"字从止、折笔明显、宀下□上无短横画作"□";"旅"字旗帜呈"□"形作"□";"酉"字沿袭出组一类,大口尊无盖且颈腹分界处用一短横(少数有两短横)标示作"□、□"。合文中也有一些极具特色,如"父丁"之"父"与"丁"在同一水平面上作"□";"兄庚"之"兄"字颈部十分细长,二字合文作"□、□";"上甲"之"上"借用"甲"字最上一画作"□"。现就其典型性字体择要归纳为表 X-2,以供参考。

图 X-2　《合集》22742　　　　图 X-3　《合集》23532

图 X - 4　《合集》23711　　　　　　　图 X - 5　《合集》23717

图 X-6　《怀特》1267　　　　　图 X-7　《怀特》1268

表 X‑2　出组二 A 类典型性字体举例

王	贞	有	辛	巳	不	自	祸	子	羌	隹	庚

以	宾	旅	酉	父丁	兄庚	上甲	丑	寅	辰	午	未

申	亥	酒	叀	宰	翌	暨	其	用	雨	勿	凸

说明：首行为该类常见字体，次行为偶见字体。

　　本类卜辞仍以祭祀为主，出现了周祭卜辞以及一些特殊卜辞，如"卜王辞""王西言""王宁"卜辞（详后文）等。前辞形式同出组一类，贞人有中、大、出、癸、逐、洋、旅、即、喜等，记月方式有两种：一种为"在某月"，如《合补》6986 之"在十一月"、《合集》23299 之"在四月"；一种为"某月"，如《合集》25164 之"七月"、25158 之"十三月"。重要称谓有毓祖乙（《合集》22583、23143、23145）、父丁（《合集》22583、23143，《合补》6986）、兄庚（《合集》23085、23490、23491、23492、23493）等。无骨臼刻辞，有骨面刻辞（《合集》23680）。本类可举《合集》25281、22716、23368、23492、22744、23413 等为例（图 X‑8、9、10、11、12、13），其余详见文末附录二。

图 X-8 《合集》25281

图 X-9 《合集》22716

图 X-10 《合集》23368

图 X-11 《合集》23492

图 X - 12　《合集》22744　　　　　　　　图 X - 13　《合集》23413

（三）出组二 B 类

出组二 B 类字体上承出组一类及二 A 类，多不用折笔，字体大小及笔画粗细不一，行款整齐。典型性字体，如"王"上已加横画且上两笔去最下一横笔距离较远、钺刃平直或填实作"王、王"最具特色；"贞"字，上下等宽，耳、腹、足浑然一体但已呈等距离分布作"贞、贞"；"有"笔画圆润作"又"；"辛"上多有一短横作"辛"；"巳"表示孩童之手臂斜垂作"巳"；"不"字最上端笔画与最下端笔画间距拉长作"不"；"自"鼻梁圆溜不外鼓、内中有两短横作"自"；"祸"上下等宽作"祸"；"子"作"子"；"羌"字人膝多不弯曲，颈部有捆缚之绳索作"羌、羌"；"隹"字短喙，略去鸟爪作"隹"；"庚"多作溜肩，个别为平肩，作"庚、庚"；"以"整体较瘦长作"以"；"宾"字从止、宀下巳上多有一短横画作"宾"；"旅"字旗帜呈"人"形作"旅"；"酉"字大口尊或有盖且颈腹分界处用两短横标示作"酉、酉"。合文中，"父丁"之"丁"位于"父"的左下方作"父丁"，"兄庚"之"兄"字颈部粗短，二字合文作"兄庚"；"上甲"之"上"不用借笔，二字合文作"上甲"。现就其典型性字体择要归纳为表 X - 3，以供参考。

表 X - 3　出组二 B 类典型性字体举例

王	贞	有	辛	巳	不	自	祸	子	羌	隹	庚
以	宾	旅	酉	父丁	兄庚	上甲	丑	寅	辰	午	未

续　表

申	亥	酒	叀	宰	翌	暨	其	用	雨	勿	屰

说明：首行为该类常见字体，次行为偶见字体。

　　本类卜辞仍以祭祀为主，有系统的周祭卜辞以及一些特殊卜辞，如"卜王辞""王西言""王宾"卜辞等。前辞形式作"干支卜贞"或"干支卜某贞"，贞人有行、旅、即、尹、涿、豛、屰、先、陟等，另外还有较多商王亲自占卜之辞。记月方式作"在某月"如《合集》24281 之"在一月"、《合补》8091 之"在二月"，一月绝大多数称为"正月"。重要称谓有毓祖乙（《合集》23148、23149）、父丁（《合集》23188、24343、23275、22550）、兄己（《合集》23478、23010）、兄庚（《合集》23502、23488、23487）等。未见骨臼刻辞和骨面刻辞。本类可举《合集》22721、22723、25282、26210、25274、25277 等为例（图Ⅹ- 14、15、16、17、18、19），其余详见文末附录二。

　　关于出组卜辞的年代，学者多无异议，均将其定为祖庚、祖甲时期，至于上下限，学者间尚有一些微小差异，本书第一章将详述其事，此不赘述。

二、出组卜辞研究概况

　　目前，关于出组卜辞的研究，大致可以分为以下两个阶段。20世纪 90 年代以前，主要是对出组卜辞的分类及分期断代研究。21世纪以来，则集中于出组卜辞材料的全面整理与研究。

图 X‑14　《合集》22721　　　　　　　图 X‑15　《合集》22723

图 X-16　《合集》25282　　　　　　图 X-17　《合集》26210

图 X‐18　《合集》25274　　　　图 X‐19　《合集》25277

1933 年董作宾先生发表《甲骨文断代研究例》一文,文中首次将殷墟甲骨文分为五期,其中董先生所划第二期祖庚、祖甲时期,包含的卜辞主要为"出组",在此文中董作宾先生对出组的贞人、出土坑位、内容等进行了简要的分析①。1936—1937 年间,许敬参先生专门对出组"卜王"辞进行了较为系统的研究②。

继董作宾先生之后,对出组贞人、坑位等情况进行研究的首推陈梦家先生,他在《殷虚卜辞综述》一书第五章第四、五节着重对出组卜辞的"卜人"年代与分群进行了详细讨论③,为后来出组卜辞的分类提供了重要参考。20 世纪 80 年代,塞翁对《甲骨文录》所刊布之"出组"卜辞中的"卜旬辞""卜夕辞"进行了系联④,但所据

① 董作宾:《甲骨文断代研究例》,《庆祝蔡元培先生六十五岁论文集》,《历史语言研究所集刊外编》第一种,1933 年。
② 许敬参:《契文卜王释例》,《河南博物馆馆刊》1936—1937 年第 4、5、13 集。
③ 陈梦家:《殷虚卜辞综述》第 186—193 页,中华书局,1988 年。
④ 塞翁:《甲骨文录第二期卜旬辞系联》,《中国文字》新 5 期,艺文印书馆,1981 年;塞翁:《甲骨文录第二期卜夕辞系联》,《中国文字》新 6 期,艺文印书馆,1982 年。

材料有限,系联所得之价值十分有限。

80 年代末期,郭振录先生首次对出组卜辞中的"锯截"卜王辞进行了研究①,对认识甲骨之形态及卜王辞的内涵具有重要参考价值。约略同时,日本学者伊藤道治先生据"天理参考馆所藏第二期祭祀卜辞",对其所反映的周祭制度进行了初步分析②,由于材料有限,且出组卜辞文末不具王年,故而对周祭的探讨仅限于入祀和祭法等方面。1988 年,彭裕商先生在其博士论文《殷墟甲骨断代》中首次将出组卜辞分为出组一类、出组二 A 类、出组二 B 类,并推定出组一类卜辞的年代主要为祖庚时期,上限至武丁之末;出组二类卜辞的年代为祖甲时期③。同年,黄天树先生首次对殷墟王卜辞进行了系统研究,在《殷墟王卜辞的分类与断代》一文中将出组卜辞分为出组一类(出组宾出类)和出组二类两类,推定出组卜辞的年代主要为祖庚、祖甲时期④。以上彭、黄二位先生的观点,均为学界普遍接受,并不断深化。

90 年代以来,出组卜辞的研究取得了丰硕的研究成果,出组卜辞年代学的研究为学者所重。黄天树先生对宾组、出组、何组卜辞年代上的联系进行了研究,指出这几组卜辞在时间上的接续关系⑤。李学勤、彭裕商二位先生在《殷墟甲骨分期新论》一文中,提出了"先分类后断代"的观点,并且主张"字体"是分类的标准,而贞人、坑位、称谓等是断代的标准,对殷墟甲骨分期断代的理论方法

① 郭振录:《试论祖庚、祖甲时代被锯截的卜王辞》,《庆祝苏秉琦考古五十五年论文集》,文物出版社,1989 年。

② 伊藤道治:《关于天理参考馆所藏第二期祭祀卜辞之若干片——兼论第二期周祭之社会的宗教的意义》,《殷墟博物苑苑刊》创刊号,中国社会科学出版社,1989 年。

③ 彭裕商:《殷墟甲骨断代》第 163—184 页,科学出版社,1992 年。

④ 黄天树:《殷墟王卜辞的分类与断代》,北京大学博士学位论文,1988 年。

⑤ 黄天树:《试论宾、出、何组卜辞在时代上的接续关系》,《考古与文物》1991 年第 3 期。

进行了详细阐释①,并且在这一理论方法的指导下,对殷墟甲骨文进行了更加全面的分期与断代②。1992 年,李学勤先生在对甲骨出土地点、甲骨文字体等全面研究的基础上,首次提出了殷墟甲骨分期的"两系说"③,随着对甲骨组类关系认识的加深,对各组类字体认识的深化,这一观点逐渐为大部分学者认可。这一时期,对出组卜辞祭祀内容的研究亦为学者注目,如伊藤道治先生对出组"岁祭""歆祭"的研究④,金经一对出组卜辞所见神灵"帝"的研究等⑤。

21 世纪以降,出组卜辞的研究主要集中在相关材料的整理与系联。2005 年,李学勤先生以"在劳"为据,对相关卜辞进行了排谱系联⑥。2009 年,张怡对出组卜辞进行了专门研究,仍将出组卜辞分为三类,年代上赞同董作宾先生的祖庚、祖甲说⑦。郭旭东对出组卜辞人物及品立王后的相关制度进行了研究⑧。郅晓娜对出组卜辞的出土、刊布、缀合等进行了全面梳理⑨,对深入研究出组卜辞的年代、发展嗣续等具有重要的价值。蔡依静对出组卜王辞进行了专门研究⑩。顾珊珊对村北系各组卜辞中的同文卜辞进行

---

① 李学勤、彭裕商:《殷墟甲骨分期新论》,《中原文物》1990 年第 3 期。
② 李学勤、彭裕商:《殷墟甲骨分期研究》,上海古籍出版社,1996 年。
③ 李学勤:《殷墟甲骨分期的两系说》,《古文字研究》第 18 辑,中华书局,1992 年。
④ 伊藤道治:《论第二期卜辞中所见的秉岁之祭祀》,王震中翻译,《中原文物》1990 年第 3 期;《歆字考》,王震中翻译,《殷都学刊》1992 年第 1 期。
⑤ 金经一:《第二期卜辞所见"帝"的神威变化与其文化内含》,第 205—215 页,《容庚先生百年诞辰纪念文集(古文字研究专号)》,广东人民出版社,1998 年。
⑥ 李学勤:《出组"在劳"卜辞的月首干支》,《中国古代文明研究》,华东师范大学出版社,2005 年。
⑦ 张怡:《殷墟出组卜辞的整理与研究》,郑州大学硕士学位论文,2009 年。
⑧ 郭旭东:《卜辞中的殷礼研究》第三章,陕西师范大学博士学位论文,2010 年。
⑨ 郅晓娜:《出组卜辞材料再整理》,中国社会科学院研究生院硕士学位论文,2010 年。
⑩ 蔡依静:《出组卜王卜辞的整理与研究》,台湾政治大学硕士学位论文,2012 年。

了研究,指出出组与宾组及出组一、二类之间的同文卜辞共 17 组①。韩智钧从艺术学的视角出发,对出组贞人具名甲骨的字体、刻写风格进行了详细梳理②,对深化出组卜辞字体风格演变的认识具有一定的参考价值。继郭振录先生之后,张怡对出组卜辞中的截锯卜骨进行了专门研究③,为甲骨形态学的研究提供了重要线索。另外,赵鹏对出组卜辞所见人名进行了研究,整理出见于出组卜辞的人名 42 个,共见于宾组、出组、历组的人名 32 个,指出宾组三类与出组同文卜辞五组④。马尚对出组卜辞的分类及断代进行了研究,在前辈学者基础上,将出组一类划分为两小类⑤。

综上所述,学者对出组卜辞的分类、年代、内容、特殊辞例及所用材质的形态等多个方面进行了详细研究,为出组卜辞的深入研究奠定了良好基础。尤其是前辈学者对出组卜辞分类与年代的研究,为后来者所采信。然而,除个别学者外,对出组卜辞进行系统研究的学者相对较少,绝大多数仅限于某一人物、某一事类的研究,可见,这方面的研究尚有待加强。此外,尽管如李学勤先生、彭裕商先生、黄天树先生、赵鹏等对出组卜辞中的相关事类进行了初步的系联,但利用系联材料研究殷商历史及商王行迹之成果仍然稀少。基于以上认识,笔者拟在前辈学人的基础上,充分利用精确分类和系联成果,对其所见殷商史事作一番梳理,以期对促进殷商史及甲骨学的深入发展有所帮助,不当之处,敬请指正。

---

① 顾珊珊:《殷墟村北系同文卜辞的整理与研究》,郑州大学硕士学位论文,2014 年。
② 韩智钧:《殷商出组贞人具名甲骨文书刻研究》,郑州大学硕士学位论文,2017 年。
③ 张怡:《浅谈殷墟出组卜辞中的截锯卜骨》,《江汉考古》2019 年第 1 期。
④ 赵鹏:《殷墟甲骨文中的人名及其对于断代的意义》,首都师范大学博士学位论文,2006 年。
⑤ 马尚:《出类甲骨分类断代新探》,北京大学博士学位论文,2022 年。

第一章　从出土坑位申论出组一类卜辞的年代上限

年代学的研究是任何一门学科的基础,历史学、考古学及古文字学的研究尤其如此,如果没有准确的年代作依据,建立在此之上的一切研究既缺乏可靠性,同时也不具备学术价值。甲骨文年代学的研究自董作宾先生五期断代以来,已经有了长足的发展,各组类年代框架体系业已确立,使得甲骨文成为研究商代历史文化最为可靠的一手材料。然而,尽管学者间在大的年代划分上差异不大,但在上限及下限等细节问题上仍有一些分歧,如出组一类卜辞的上限是否上及武丁之世。我们将以考古学和古文字学的方法为指导,以出土坑位为依据展开研究,以期为澄清此问题提供参考。

第一节　出组一类卜辞年代上限问题概述

本章所称出组一类卜辞主要指李学勤、彭裕商二先生在《殷墟甲骨分期研究》一书中指出的主要由兄、祝、出、逐、大、中等人所卜的一类卜辞①,这些卜辞在字体上十分接近宾组二类,如贞作 𝕏、有作 𝕐、王作 𝕌、亥作 𝕍、巳作 𝕎、酉作 𝕑、叀作 𝕒 等,所见重要称

① 李学勤、彭裕商:《殷墟甲骨分期研究》第128—132页,上海古籍出版社,1996年。

谓主要有父丁(《合集》23179)和母辛(《合集》23430)。

出组卜辞主要出土于小屯村北,村中及村南极少发现。关于出组卜辞的分类,目前学界的认识较为一致,李学勤、彭裕商二先生将出组卜辞分为两大类三小类,即出组一类、出组二 A 类、出组二 B 类①。黄天树先生将出组分为两大类,即出组一类、出组二类②。王蕴智先生将出组卜辞分为三类,即出组一类、出组二类、出组三类③,其所划二类、三类实际上对应彭裕商、李学勤先生所分之出组二 A 类、出组二 B 类。综上,可知学者对于出组卜辞的分类基本一致,但对于其年代则尚存争议,尤其是出组一类的年代问题。现就目前所见主要观点,梳理如下。

起先,董作宾先生将整个出组卜辞定为第二期,即祖庚、祖甲时期④,可知其认为出组卜辞的年代上限应在祖庚时期。蔡依静⑤、郅晓娜⑥、赵鹏⑦等从之。

此后,李学勤先生、彭裕商师、黄天树先生等对甲骨卜辞进行了细致的分类,对各类的年代也提出了新的看法。

李学勤、彭裕商先生通过梳理出组一类、宾组二类在字体、称谓、事类、人物等方面的联系后指出,出组一类的年代主要属于祖庚时期,上限可及武丁之末⑧。

黄天树先生将出组一类的年代上限定为祖庚初期,他指出"宾

① 李学勤、彭裕商:《殷墟甲骨分期研究》第 128—138 页,上海古籍出版社,1996 年。
② 黄天树:《殷墟王卜辞的分类与断代》第 76—79 页,科学出版社,2007 年。
③ 王蕴智:《殷商甲骨文研究》第 278—303 页,科学出版社,2010 年。
④ 董作宾:《甲骨文断代研究例》,收入《董作宾先生全集》(第一册),艺文印书馆,1965 年。
⑤ 蔡依静:《出组卜王卜辞的整理与研究》,台湾政治大学硕士学位论文,2012 年。
⑥ 郅晓娜:《出组卜辞材料再整理》,中国社会科学院硕士学位论文,2010 年。
⑦ 赵鹏:《殷墟甲骨文中的人名及其对于断代的意义》第 157 页,首都师范大学博士学位论文,2006 年。
⑧ 李学勤、彭裕商:《殷墟甲骨分期研究》第 138 页,上海古籍出版社,1996 年。

组三类有相当数量已晚到祖庚之世,而出组卜辞从目前所见资料来看,还没有迹象表明它的上限能上及武丁晚期"。另外,基于《合集》23376 上的"兄庚"称谓,将出组一类卜辞的年代下限定为祖甲之初①,持此观点的还有王蕴智②、张怡③等。除以上《合集》23376外,王蕴智、张怡补充《合集》2920(有兄庚)作为出组一类下限可至祖甲时期的例证。

首先,就《合集》2920(图 1 - 1)而言,本版"兄庚"不作合文,与出组均作合文的惯例不符,且其反面为甲桥刻辞,就目前所见出组卜辞,均无甲桥刻辞。方稚松先生将其归为宾三类④,崎川隆先生归为典型典宾类⑤,以上两说均可从。可见,本版卜辞极有可能非"出组"卜辞。因此,正如蔡依静指出的"以之作为出组一类中'兄庚'称谓的例子是值得商榷的"⑥。

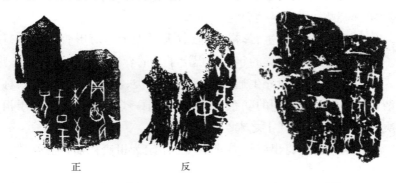

正　　　　　　　反

图 1 - 1　《合集》2920　　　　　图 1 - 2　《合集》23376

① 黄天树:《殷墟王卜辞的分类与断代》第 43—100 页,科学出版社,2007 年。
② 王蕴智:《殷商甲骨文研究》第 280 页,科学出版社,2010 年。
③ 张怡:《殷墟出组卜辞的整理与研究》,郑州大学硕士学位论文,2009 年。
④ 方稚松:《殷墟甲骨文五种记事刻辞研究》第 237 页,线装书局,2009 年。
⑤ 崎川隆:《宾组甲骨文字体分类研究》附录 1,吉林大学博士学位论文,2009 年。
⑥ 蔡依静:《出组卜王卜辞的整理与研究》第 57 页,台湾政治大学硕士学位论文,2012 年。

其次，就《合集》23376（图1-2）而言，黄天树先生将其定为出组一类，而王蕴智、张怡二位学者并不认为是出组一类。据我们研究，此版卜辞从字体、辞例等可知并非出组一类。其一，尽管"王"字从拓本上看缺一横笔，但其上端有无笔画尚未可知。其二，"宾"字出组一类作""（《合补》8293），而本版作""为典型的出组二类风格；本版"亡尤"作""，出组一类作""（《合集》24943）显然有别；出组一类"叙"作""（《合集》23340），本版作""，两者迥异；出组一类"妣庚"作""（《合集》23340），人膝弯折明显，本版作""，人膝弯折不明显，两者不同。

综上所述，学者据以判定出组一类下限为"祖甲"初期的两版卜辞均尚有疑窦。故而，在缺乏更多新材料的情况下，我们仍赞同将出组卜辞的下限定为祖庚时期。就其上限，本章将通过全面梳理出组一类卜辞的出土情况，对此问题重新加以研判，以供探讨。

第二节　出组一类卜辞的出土及其年代

甲骨作为一种出土文物，年代学的研究必然离不开对其出土坑位的考察，故而本文拟选取具有明确出土层位的出组一类卜辞对其进行分析，以观其年代。具有明确出土层位信息的出组一类卜辞主要见于E9、B26、大连坑东、横十三、横十四、A13、A25、E59、D48（虚土）、D98（墓道）、D91东支等坑，出土坑位信息详见表1-1。

（一）横十三·五己与横十四丁出土甲骨情况

横十三·五己位于横十三·五戊的西边，并相连接，南与横十三己中间相隔约十二米。本坑出土甲骨16片，选印4片，一期2

片、二期 2 片,甲骨组类及年代详见表 1－2。

表 1－1　出组一类出土坑位信息统计表

《合集》《合补》号	拓　号	编　号	坑　名	位　置	区	贞人
《合集》24905	甲 0094	1.0.0125	E9	15 尺	E 区	祝
《合集》26041	甲 0131	1.0.0202	B26	3 尺	B 区	出
《合补》7079	甲 0156	1.0.0271	B26	3 尺	B 区	出
《合集》24475	甲 2679	3.2.0581	大连东	2.5 米	B 区	出
《合集》26610	甲 1027	3.0.0300	横十三·五己	0.3—0.6 米	A 区	出
《合集》24677	甲 0970	3.0.0066	横十四丁西头(3：H7)	1.4—1.65 米	A 区	
《合集》24891	甲 3186	4.0.0309	A13	0.6—0.9 米	A 区	大
《合集》26771	甲 3219	4.0.0437	A13	0.9—1.4 米	A 区	出
《合集》26787	甲 3231	4.0.0468	A13	0.9—1.4 米	A 区	出
《合集》26203	甲 3272	4.0.0588	A25	1.2 米	A 区	出
《合集》26426	甲 3438	5.0.0105＋5.0.0107	E59(5：H20)	1.3 米	E 区	
《合补》8050	甲 3439	5.0.0108	E59	1.3 米	E 区	

续　表

《合集》《合补》号	拓　号	编　号	坑　名	位置	区	贞人
《合补》7177	甲 3658 甲 3657	5.2.0104 5.2.0103	E59	2.0 米	E 区	
《合集》24621	甲 3723	8.0.0085	D48(虚土)	2.0—2.05 米	D 区	祝
《合集》24438	甲 3824	9.0.0131	D98(墓道)	1.3 米	D 区	
《合补》7070	甲 3920	9.0.0404	D91 东支	3.0 米	D 区	

表 1-2　横十三·五己出土甲骨组类及年代分布表

《甲》号	《合集》号	组　类	备　注
1025	未著录	宾一/宾二初	董作宾归入一期
1026	《合集》11598	出一	董归入二期
1027	《合集》26610	出一	董归入二期
1028	未著录	宾一/宾二初	董归入一期

　　《甲》1025、1028(图 1-3、4)仅有兆辞"不玄蛛",据统计,"不玄蛛"主要见于宾组一类,宾组二类很少见,此两版董作宾先生定为一期,而一期的年代为武丁时期,故而与以上两版卜辞处于同一地层的出组一类卜辞的年代当不晚于武丁时期。

　　横十四丁,实为一灰土坑(3:H7),甲骨出自灰坑西头深 1.4—1.65 米的硬灰土中,共三片,董作宾先生均定为二期,可从。除《甲》970(《合集》24677)外,其余均未选印。《甲》970 为典型的出组一类字体。

图 1－3　《甲》1025

图 1－4　《甲》1028

（二）A13 坑出土甲骨情况

A13 坑出甲骨 183 片,选印 60 片,其组类及年代详见表 1－3。据《坑层》表七十二可知,此坑所出甲骨主要为一期(53 片),另有二期 3 片、三期 3 片、四期 1 片①。

表 1－3　A13 出土甲骨组类及年代分布表②

《甲》号	《合集》《合补》号	组　　类	备注
3178、3179	?		
3180	《合集》18322	师宾间	
3181、3182、3183、3284、3185、3187	?		董定为一期
3188	《合集》4540	宾一 A/一 B 甲	
3189、3190、3191、3192	?		
3193	《合集》13059	宾一 B 乙	

---

① 石璋如:《遗址的发现与发掘:丁编——甲骨坑层之一(一至九次出土甲骨)》第103 页,"中研院"历史语言研究所,1985 年。

② 表中片号后加 X 者,指断代不同;第二列中"?"指未见著录于《合集》《合补》,下同。

续　表

《甲》号	《合集》《合补》号	组　类	备注
3194	《合集》19985	师小二	
3195、3196、3197	?		
3198	《合补》1566	宾一A	
3199	?		
3200	《合集》5296	宾二	
3201	《合补》4316	宾一B甲	
3202	?		
3203	《合集》26783	出一/宾二	
3204、3205	?		董定为一期
3206	《合集》20282	师小字	
3207	《合补》3414	?	
3208	《合集》16806 正	宾一B乙	
3209	《合集》16806 反	宾一B乙	
3216、3217、3218、3220、3221	?		
3222	《合集》19510	宾二	
3223、3225、3226	?		
3227	《合集》17500 正	宾一B乙	

《甲》号	《合集》《合补》号	组　　类	备注
3228	《合集》17500 反	宾一 B 乙	董定为 一期
3229	《合集》9607	宾一 B 乙	
3230	《合集》9127	宾一 B	
3232	?		
3233	《合集》17014	宾一 B 乙	
3235	《合集》7677	宾一 A	
3236、3237、3314、3315	?		
3316	《合集》17647 正	宾一 B甲	
3317	《合集》17647 反	宾一 B甲	
3186	《合集》24891	出一	董定为 二期
3219	《合集》26771	出一	
3231	《合集》26787	出一	
3224	《合集》28734	何一	董定为 三期
3234	?	出一	
3318	《合集》31233	何一	
3359X	《合集》21432	待考	董定为 四期

由表 1-3 可知,A13 坑所出甲骨包括师小二类、师宾间类、宾组一类、宾组二类、出组一类、何组一类等,其中以宾组一类居多,

出组一类次之。其他《合集》《合补》未著录之甲骨详见《附图》第
203—205页，董作宾先生将这些卜辞的年代均定为一期，可从。

　　董作宾先生所定三期3片，《甲》3224为《合集》28734（图1-5），
其辞为"…其田…奚亡灾？禽"。本版为田猎卜辞，字体接近宾组二
类或何组一类，后有验辞①，时间较早，故当为何组一类；《甲》3234
（图1-6）从字体、风格等来看，当为出组一类或宾组二类；《甲》3318
为《合集》31233（图1-7），从字体、风格等来看，接近何组一类。

图1-5　《甲》3224　　　图1-6　《甲》3234　　　图1-7　《甲》3318

　　《甲》3359即《合集》21432董作宾先生定为四期，因其上仅残
存1字，故暂存疑。然而，董定为四期有误，其年代应不晚于一期。

　　（三）A25坑出土甲骨情况

　　A25坑共出甲骨126片，选印42片，其组类及年代详见
表1-4。据《坑层》表七十七可知，本坑所出甲骨主要为一期（40
片），二期、三期各1片②。

　　① 就目前所见何组卜辞中，仅何组一类记有验辞，何组二类、三类均未发现有验辞。
　　② 石璋如：《遗址的发现与发掘：丁编——甲骨坑层之一（一至九次出土甲骨）》第
105页，"中研院"历史语言研究所，1985年。

表 1 - 4　A25 出土甲骨组类及年代分布表

《甲》号	《合集》《合补》号	组　　类	备注
3238	《合集》18005	待考	
3239、3240、3241、3242、3243	?		
3244	《合补》4257	师宾间	
3245	《合集》23011	出一	
3246	《合集》1216	宾一 B	
3247、3249、3250	?		
3251	《合集》20109	师小字	
3252、3253、3254、3255	?		
3256	《合集》7270	宾一 A、一 B甲	董定为一期
3257	?		
3258	《合补》642	宾一 B乙	
3259、3260	?		
3261	《合补》1059	宾一 B乙	
3262	?		
3263	《合集》11326	宾一 B乙	
3264	《合集》4782	待考	
3265	《合集》1640	师宾间	

续　表

《甲》号	《合集》《合补》号	组　类	备注
3266、3267、3268、3269	？		
3270	《合补》1625	宾一 A	
3271	《合集》25748	出一	
3273	《合集》21160	师小	董定为一期
3274	《合集》9543	宾一 B	
3275	《合集》17894	宾一 B 乙	
3276	《合补》1434	宾二	
3277、3278、3279	？		
3272	《合集》26203	出一	董定为二期
3248	？	出一/宾二	董定为三期

据表 1-4 可知，A25 中所出卜辞组类有师小字类、师宾间类、宾组一 A 类、宾组一 B 类、宾组二类及出组一类，其中主要为宾组一类，其次为出组一类。其余《合集》《合补》未著录者详见《附图》第 206—207 页，董作宾先生将这些卜辞的年代均定为一期，可从。

《甲》3245 为《合集》23011（图 1-8），"贞"作"□"、祖辛作"□"，与《合集》22911、23008 之"祖辛"写法相同，为典型的出组一类字体，故应为出组一类卜辞。由于字较少且无贞人，董作宾先生将其定为一期亦可从。

图 1-8　《甲》3245　　　图 1-9　《甲》3271　　　图 1-10　《甲》3248

　　《甲》3271 为《合集》25748（图 1-9），"贞"作"▨"、"翌"作"▨"，均是典型的出组一类字体。"歆"作"▨"，与《合集》25744 之"歆"写法相同，《合集》25744 为出组一类。"裸"作"▨"，字体偏早，可参见《合集》18206、30944、8248、8249 等诸片之"裸"字，前两版为师宾间类，后两版为宾组一 B 乙类。出组二类的"裸"作"▨"，与一类有别。综上，从字体等可知，《甲》3271 亦应为出组一类。但值得注意的是，由于字较少且无贞人，董作宾先生将其定为一期亦可从。

　　《甲》3248（图 1-10），董作宾先生定为三期，其辞残缺，或为"不菁雨"，从字体来看，绝不晚于宾组二类、出组一类及何组一类。

　　然而，发掘者指出"A 区即董作宾先生《甲骨文断代研究例》的第二区……因为村人在这里再四挖掘，大块的甲骨都拿走了……因此我们在这里所得到的都是小碎块，而且到处是经翻动过的虚土，尤其 A13、A14、A25 等三坑……"①。可知，A13、A25 等坑经过较为严重的扰乱，可能有晚期卜辞扰入其中，已非甲骨埋藏之原貌，故而仅可作为年代之参考。

---

　　① 石璋如：《遗址的发现与发掘：丁编—甲骨坑层之一（一至九次出土甲骨）》第105 页，"中研院"历史语言研究所，1985 年。

（四）E57、E59、E60 坑出土甲骨情况

E57、E59、E60 是未经扰乱的三坑，三坑实为一个灰土坑。E57 在西、E59 居中，E60 在东，而灰土坑呈南北椭圆形。南北径约 3.4，东西径约 2.5 米，深 2.0 米，称为 5：H20①。E57 出甲骨 11 片，选印 8 片；E59 出甲骨 157 片，选印 116 片；E60 出甲骨 96 片，选印 77 片。尽管 E57 未出出组一类卜辞，但 E57、E59、E60 作为同一灰坑，故就其各自所出甲骨卜辞的组类及年代列为表 1-5、表 1-6、表 1-7，以便考察。

表 1-5　E57 出土甲骨组类及年代分布表

《甲》号	《合集》号	组　　类	备注
3382	《合集》2573	宾一 B 乙	
3383	《合集》15088	宾二	
3384	《合集》12078	宾二	
3385	《合集》17114	宾二	董定为一期
3386	《合集》12135	宾二	
3387	？	待考	
3650	《合集》4052	宾二	
3388	《合集》27845	何一	董定为三期

① 石璋如：《遗址的发现与发掘：丁编—甲骨坑层之一（一至九次出土甲骨）》第 131 页，"中研院"历史语言研究所，1985 年。

表 1-6　E59 出土甲骨组类及年代分布表

《甲》号	《合集》《合补》号	组　　类	备注
3389	《合集》15476	宾二	
3390	《合集》11627	宾一B乙	
3391	?		
3392	《合补》4896	宾二	
3393	《合补》5780	宾一A	
3394	《合集》16217	宾二	
3395	?		
3396	《合集》15343	宾二	
3397	《合集》16195	宾一B甲	董定为一期
3398	《合集》10389	宾二	
3400	《合集》15348	宾二	
3401	《合集》6938	宾一A	
3402	《合集》15690	宾二	
3404	《合集》8473	宾二	
3405	?		
3406	《合集》19620	宾二	
3407	《合集》20917	师小一	

续　表

《甲》号	《合集》《合补》号	组　类	备注
3408	?		
3409	《合集》16592	宾二	
3410	《合集》3880	宾二	
3411	?		
3412	《合集》15462	宾二	
3413	?		
3414	《合集》11567	待考	
3415＋3418	《合集》12431	宾一B乙	
3416、3417	?		董定为一期
3419	《合集》13029	宾二	
3420	《合集》9501	宾二	
3421	《合集》19037	宾二	
3422	《合集》7359	宾二	
3423	《合集》14883	宾一A	
3424	《合集》12148	宾二	
3425	《合集》17238	宾一B甲	
3426	《合集》17229	宾二	

续　表

《甲》号	《合集》《合补》号	组　　类	备注
3428	《合集》12071	宾二	
3429	《合集》4960	宾一B	
3430	《合集》9818	宾二	
3431	？		
3432	《合集》14301	宾二	
3433	《合集》12198	宾二	
3434	《合补》187	宾二	
3435(甲)、3460(乙)	《合集》12237甲乙	宾二	
3436	《合集》12117	宾二	董定为一期
3437	《合集》12238	宾二	
3439	《合补》8050	出一	
3440	？		
3441	《合补》3079	宾二	
3442	《合集》13345	宾二	
3443	《合集》17872	待考	
3444＋3448＋5.0.0113	《合补》3620	宾二	
3445	《合集》17620	宾一B	

续 表

《甲》号	《合集》《合补》号	组 类	备注
3446（正）、3447（反）	《合集》17589 正反	宾一 B甲	
3449	《合集》12216	宾二	
3450	？		
3451	《合集》4013	宾二	
3452＋3538	《合集》15	宾二	
3454、3455	？		
3456	《合集》17197	宾二	
3457	《合补》2955	宾一 B乙	
3458	？		董定为一期
3459	《合集》10147	宾二	
3461	《合补》4095	宾二	
3462	《合集》8709	宾二	
3463	？		
3464（正）、3465（反）	《合集》4098 正反	宾一 B甲	
3466	？		
3467	《合集》6809	宾二	
3468	《合集》12003	宾二	

《甲》号	《合集》《合补》号	组　　类	备注
3469	《合集》12365	宾二	
3470	？		
3471	《合补》1423	宾二	
3472	《合集》14496	宾二	
3473	《合集》5711	宾二	
3474	《合集》198	宾一 B 乙	
3475	《合集》17865	宾一 B 乙	
3476	《合集》17406	宾一 B 甲	
3427＋3477	《合集》628	宾一 B 乙	董定为一期
3479	《合集》10146	宾二	
3480	《合集》17063	宾一 B 乙	
3481	《合集》4388	宾二	
3482	《合集》10657	宾一 B 乙	
3484	《合补》193	宾二	
3485（正）、3486（反）	《合集》2682 正反	宾一 B 乙	
3563	《合集》16518	宾二	
3564	？		

续　表

《甲》号	《合集》《合补》号	组　　类	备注
3566	《合集》19294	宾一B甲	董定为一期
3567	《合集》15406	何一/宾二	
3568	《合集》11069	待考	
3571	?		
3573	《合集》13091	宾二	
3574、3653	?		
3654	《合补》3389	宾一B乙	
3655	《合集》17903	宾一B乙	
3657	《合补》1623	宾二	
3438	《合集》26426	出一	董定为二期
3460X	《合补》9507	出一	
3658	《合补》7177	出一	
3399+3403	《合集》31548	何一	董定为三期
3565	?	无一	
3569	?	何三A	
3570	《合集》31963	待考	

续　表

《甲》号	《合集》《合补》号	组　　类	备注
3572	？	待考	董定为三期
3656	《合补》2406	宾一B	
3453X	《合集》22456	师小一/师小二	董定为四期
3483X	《合集》20066	师小一/师小二	

表 1－7　E60 出土甲骨组类及年代分布表

《甲》号	《合集》《合补》号	组　　类	备注
3487	？		董定为一期
3488	《合集》19616	宾二	
3490、3491	？		
3492	《合补》5913	宾一B乙	
3493	《合补》1102	宾二	
3494	《合集》8733	宾一B乙	
3496＋7359＋18616	《缀汇》1009	宾一B甲	
3497	《合集》1970	宾二	
3498	《合集》13098	宾二	
3500、3501、3502、3503	？		

续 表

《甲》号	《合集》《合补》号	组 类	备注
3504	《合集》17980	宾一B甲	
3505	《合集》17872	宾一B	
3506	《合集》7094	宾二	
3507＋3516	《合集》17391	宾一B	
3508（正）、3509（反）	《合集》4909 正反	宾二	
3510＋3517＋京1681	《合集》6	宾二	
3511	《合集》2182	宾二	
3512	《合集》10067	宾二	
3513（正）、3514（反）	《合集》3119 正反	宾一B乙	董定为一期
3515	《合集》12624	宾二	
3489X	《合集》12197	宾二	
3499X	《合集》12106	宾二	
3518	《合集》15521	宾二	
3519	《合集》11939	宾二	
3520	《合集》18721	宾二	
3521	《合集》9427	宾二	
3523	《合补》6549	宾二	

《甲》号	《合集》《合补》号	组　　类	备注
3524	《合集》3726	宾二	
3525	《合集》16627	宾二	
3526	《合集》15759	宾二	
3527	《合集》3543	宾一 B 甲	
3528	《合集》18345	宾一 B 乙	
3529	《合集》19105	宾二	
3530	《合集》5356	宾二	
3531	《合集》8097	宾二	
3532（正）、3533（反）	《合集》9268 正反	宾一 B 甲	董定为一期
3534	《合集》343	宾二	
3535	？		
3536	《合集》5634	宾二	
3537	《合集》19114	宾二	
3539	《合集》4888	宾二	
3540	《合集》15325	宾二	
3542	《合集》13557	宾二	
3543、3544、3545、3546、3547	？		

续 表

《甲》号	《合集》《合补》号	组 类	备注
3548	《合集》12096	宾二	
3550	《合集》11652	宾二	
3551、3552	?		
3554	《合集》341	宾二	
3555	《合集》10068	宾二	
3556	?		董定为一期
3557	《合补》2592	宾二	
3558	《合集》7832	宾一A	
3559	《合补》1140	宾二	
3560	《合集》12230	宾二	
3561、3562	?		
3651	《合集》1198	宾二	
3522	《合集》24812	出二A	董定为二期
3495	?	何一	
3541	《合补》10064	何一	董定为三期
3549	?	何一	
3553	?	何一	

据表1-5可知,E57坑所出甲骨,主要为宾组二类,另有宾组一B类、何组一类各一片。《甲》3388为《合集》27845(图1-11),此版为"何"所卜"王燕叀吉"之事,从字体、贞人、事类等可知,为何组一类无疑。综上可知,甲骨的埋藏不仅"以类相从",而且同一坑所埋藏甲骨之年代亦基本相同或相近。

图1-11
《甲》3388

E59坑出甲骨157片,其中绝大多数为一期卜辞,另有少量三期、四期卜辞,董作宾先生所划四期《甲》3453、3483实为师小一或师小二类,此不赘述。下面就其所定三期卜辞的组类作一分析。

《甲》3399与3403可以缀合,参照《合补》9563完整版,可知其为何组一类无疑。《甲》3656为宾组一B类,董定为三期,有误。

《甲》3565(图1-12),董作宾先生定为三期。本版仅残存一"吉"字,写法近同《合集》30786、27004、26938、29504等,故应为无一类。

图1-12　《甲》3565　　　　图1-13　《甲》3569

《甲》3569(图1-13),董作宾先生定为三期。本版从残辞推测,应为卜旬辞。从残留的贞、未、旬等字来看,应为何三A类。《甲》3570、3572(图1-14、15)字数太少,存疑待考。

图 1-14 《甲》3570　　　　　图 1-15 《甲》3572

　　据表 1-6 所知,E59 坑所出甲骨约 80% 为宾二类,另有宾一类及少量师小一类、出一类、何一类及无一类。此外尚有少量组类难以判定者,如《甲》3570、3572 等,但值得注意的是,此两版与属于何一类的《甲》3399、3403、3569 及属于无一类的《甲》3565 皆出土于 0.6 米深的土层中,为本坑最上层,年代稍晚自在情理之中,然亦不可排除为其他地方扰入者。其余《合集》《合补》未著录者详见《附图》第 234—240 页,董作宾先生将这些卜辞均定为一期,可从。

　　E59 所出出一类卜辞《甲》3438、3439 在本坑中与师小一类、宾一类、宾二类同出于深 1.3 米的土层中;《甲》3460、3658 在本坑中与师小一类、宾一类、宾二类、何一类同出于深 2.0 米深的土层中。据学者研究,师小一类的年代主要为武丁中期,上限可至武丁早期[1],而若将何一类、出一类的年代定为祖庚、祖甲时期,则本坑所埋藏甲骨的年代至少跨越三个王世,持续近五六十年,这是难以想象的。从前文对出一类相关卜辞的梳理可知,不论是甲、骨并出,还是甲、骨分出,其所跨越的年代一定不会很长,即同一批埋藏的甲骨所跨年代绝大多数为同时或相差不远。如著名的 YH127

---

① 李学勤、彭裕商:《殷墟甲骨分期研究》第 84—91 页,上海古籍出版社,1996 年。

坑,出土甲骨 17 000 余片,尽管包括了师组、宾组、子组、午组等若干组类,但均为武丁时期。稽上,我们认为 E59 坑所出甲骨卜辞的年代跨度为武丁中期至武丁晚期,或有少量早期偏晚者,但仍不出武丁之世。

　　E60 坑出土甲骨 96 片,选印 77 片,其中 90％为宾组二类,另有少量宾组一类、何组一类及出组二 A 类,现就董作宾先生定为二期及三期卜辞的组类分析如下。其余未见《合集》《合补》著录之卜辞详见《附图》第 241—245 页,董作宾先生将这些卜辞均定为一期,可从。

　　《甲》3522 为《合集》24812(图 1 - 16),董作宾先生定为二期。本版为卜夕、卜雨辞,从字体上来看,十分接近出组一类,但本版贞人为"旅",故应为出组二 A 类中年代偏早者。

图 1 - 16　《甲》3522　　　　　　　图 1 - 17　《甲》3495

　　《甲》3495(图 1 - 17),董作宾先生定为三期。从残存的"贞""寅"等字来看,似可定为何一类。

　　《甲》3541 为《合补》10064(图 1 - 18),董作宾先生定为三期。本版残断,仅有"卯""亡"二字。在何组卜辞中,三 A 类"卯"作,与"卯"成组合出现的"亡"作;三 B 类作"";何一类作""""。对比《甲》3541,与何一类写法完全相同,故应为何一类。

图1-18　《甲》3541　　　图1-19　《甲》3549　　　图1-20　《甲》3553

　　《甲》3549、3553（图1-19、20），董作宾先生定为三期，这两版均为卜夕辞，从残存的"何""贞""祸""子"等字来看，为何组一类卜辞无疑。

　　综上所述，由E57、E59、E60组成的灰土坑5：H20中甲骨的出土情形可知，其中90%以上均为宾组卜辞，可知其时必为宾组卜辞大为盛行之时。对比YH127坑及殷墟其他甲骨坑的埋藏情况，我们认为5：H20坑所埋藏甲骨的年代不得晚于武丁世。

小　　结

　　一直以来，出组一类卜辞的年代上限问题未能取得一致认识，争论的焦点在于其上限是否能至武丁时期。不论是赞同其上限可至武丁时期的学者，还是持反对观点者，他们的主要依据是字体、称谓系统以及卜辞间的人物联系等，而出土坑位的系统考察必然成为解决双方争端的必由之径。

　　从对甲骨坑层的分析可知，甲骨的埋藏应是将同时或约略同时的卜辞分龟甲和兽骨分别贮藏，此当为殷代之事实。如著名的YH127坑所出17 096片卜辞中，仅有8版是兽骨，其余均为龟甲，尽管其中包含有师组、宾组、子组、午组等若干组类，但其年代均为武丁时期；又如本文所举 E57 坑，出土甲骨 11 片，其中仅有 1 片字骨，而且除有一版宾组一 B 类和何组一类外，其余均为宾组二类，可知此坑的埋藏应在宾组二类。总之，埋入同一坑层的甲骨卜辞之间的年代绝不会相差太远（扰乱者除外）。

　　通过对出一类卜辞出土坑位的详细梳理，我们发现其多与师组小字类、宾组卜辞伴随而出，尤其在 E57、E59、E60 等坑中，不仅与大量的宾二类同出，而且与师组小字类、宾组一类共见，因此，出组一类的年代上限应及于武丁之世。然而，考虑到其与大量宾组二类卜辞同出及有较多同卜一事（即同文卜辞）的例子，故而其年代上限应仅及于武丁末期。此外，后文对宾出同文卜辞及相关问题的研究指出，出组一类所见"王占曰""骨臼刻辞"等均是盛行于武丁时期的占辞形式和记事方式，卜辞中的人物子齄、竹、竝等既见于出组一类又见于师组小字类，师组小字类的年代不晚于武丁时期。以上亦可为出组一类卜辞年代上限可至武丁时期提供佐证。

第二章　新见宾出同文卜辞的整理与研究

在对殷墟甲骨进行全面分类与系联的过程中，我们新发现了几组宾出同文卜辞。本章对这几组同文卜辞进行了初步整理与研究。在此基础之上，对同文卜辞的时代问题作了较为详细的探讨，我们认为宾出同文卜辞的时代应在武丁晚末，出组一类与宾组二类共存的时段为武丁末期而非祖庚初期。

第一节　宾出同文卜辞研究概况

本书所称出组一类卜辞主要指李学勤、彭裕商二先生在《殷墟甲骨分期研究》一书中指出的主要由兄、祝、出、逐、大、中等人所卜的一类卜辞[1]，这些卜辞在字体上十分接近宾组二类，如"贞"作 𐂷、有作 𐂼、王作 𐃀、亥作 𐂾、巳作 𐂿、酉作 𐃁、叀作 𐃂 等，所见重要称谓主要有父丁（《合集》23179）和母辛（《合集》23430）。

由于年代上有一定的重合，故而在甲骨文中发现不少两个组类间占卜同一事件之卜辞，即本文所称之同文卜辞，其主要特征为同卜一事，且月份和干支近同。如前所言，同文卜辞的产生

---

① 李学勤、彭裕商：《殷墟甲骨分期研究》第 128—132 页，上海古籍出版社，1996 年。

必然是由于两个甲骨组类之间曾在一段时间内共存所致,因此有必要对出组卜辞的分类及年代略作回顾。现将相关研究概述如下。

关于出组、宾组同文卜辞,学者多有研究,李学勤、彭裕商二位先生在《殷墟甲骨分期研究》一书中统计出组一类、宾组二类同文卜辞 2 组①。黄天树先生统计宾组三类(按:即我们所划宾组二类)、出组一类同文卜辞 13 组(含学者已指出的 2 组)②。赵鹏女士统计宾组三类、出组一类同文卜辞 7 组(含学者已指出的 5 组)③。近年,顾珊珊女士对村北系同文卜辞进行了较为系统的整理,统计宾组三类、出组一类同文卜辞 9 组④。另外,台湾学者蔡哲茂先生在甲骨缀合的过程中也指出过许多同文卜辞,但未明确组类,或可资参看⑤。综上可见,目前在宾、出同文卜辞的研究方面已取得了一些进展,为出组卜辞的年代、宾出组类关系之研究奠定了良好基础。

近年来,随着我们对殷墟甲骨分类与系联工作的开展,对出组卜辞的年代、内容、字体等有了更加广泛而深刻的认识。在这一工作的开展过程中,我们新发现了几组宾组二类与出组一类同文卜辞,并受此启发,拟对出组一类卜辞的年代上限,亦即宾出同文卜辞的时代作一探讨,不当之处,望方家批评指正。

---

① 李学勤、彭裕商:《殷墟甲骨分期研究》第 123—125 页,上海古籍出版社,1996 年。

② 黄天树:《殷墟王卜辞的分类与断代》第 83—90 页,科学出版社,2007 年。

③ 赵鹏:《殷墟甲骨文中的人名及其对于断代的意义》第 156—157 页,首都师范大学博士学位论文,2006 年。

④ 顾珊珊:《殷墟村北系同文卜辞的整理与研究》第 68 页,郑州大学硕士学位论文,2014 年。

⑤ 蔡哲茂:《甲骨缀合集》附录"甲骨文合集同文例号码表",乐学书局,1999 年。

第二节　新见宾二、出一同文
卜辞的整理与研究

第一组,《合集》1946 与《合集》23064、25937 同文。

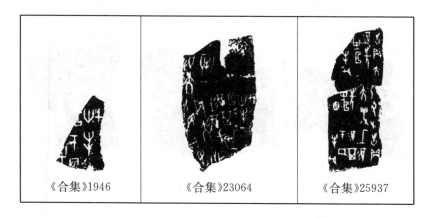

| 《合集》1946 | 《合集》23064 | 《合集》25937 |

(1) …峀匚于丁三十牛？七［月］。　　　　　《合集》1946　宾二

(2) 乙丑卜出贞：大史柲酒,先酒,其峀匚于丁三十牛？七月。

　　　　　　　　　　　　　　　　　《合集》23064　出一

(3) 乙丑卜出贞：大史柲酒,先酒,其峀匚于丁三十牛？七月。

　　　　　　　　　　　　　　　　　《合集》25937　出一

　　以上宾出同文卜辞第一组,即《合集》1946 与《合集》23064、
25937 同文。蔡哲茂先生已指出《合集》23064 与 25937 同文①,可
从,今增补《合集》1946。另,蔡氏指出《合集》25937 为误缀(见《甲

————————

① 蔡哲茂：《甲骨缀合集》第182页,乐学书局,1999年。

骨缀合续集》附录《甲骨文合集误缀号码表》),观此版上之字体一致,缀合处也能密合,故而蔡氏之说可疑,今不取其说,姑从旧说。以上三版卜辞中,《合集》1946,李学勤先生、彭裕商师、钟舒婷等划为宾组二类,黄天树先生、汉达文库释文整理者划为宾出间类。《合集》25937、23064 为出一类,诸家无异议。

　　第二组,《合集》8155、8157、8162 与《合集》24397 同文①。

《合集》8155　　《合集》8157　　《合集》8162　　《合集》24397

(1) 庚子卜宾贞:王往休亡[祸]?　　　　《合集》8155　宾二

(2) 辛丑卜贞:王往休?　一　　　　　　《合集》8157　宾二

(3) 壬寅卜古贞:往休?　三　　　　　　《合集》8162　宾二

(4) 壬寅卜祝贞:王往休?　十月,在☐。

　　　　　　　　　　　　　　　《合集》24397　出一

　　以上宾出同文卜辞第二组,即《合集》8155、8157、8162 与《合集》24397 同文。《合集》8155,李学勤先生、彭裕商师、钟舒婷等定为宾组二类,黄天树先生、汉达文库释文整理者定为宾组

①　黄天树先生指出(《殷墟王卜辞的分类与断代》第 85 页)《合集》8162 与《合集》24397 同文。我们认为《合集》8155、8157 与 24397 干支(庚子、辛丑、壬寅)相连,亦应为同文卜辞。

三类;《合集》8157,李学勤先生、彭裕商师、钟舒婷等定为宾组二类,黄天树先生、汉达文库释文整理者定为宾出类;《合集》8162,李学勤先生、彭裕商师、钟舒婷等定为宾组二类,黄天树先生、汉达文库释文整理者定为宾组三类。从贞人、字体等来看,以上三版均应为宾组二类或宾组三类。《合集》24397 属出组一类,诸家无异议。

第三组,《合集》17194、17196、17197、17198、17199、17200 与《合集》26180、26181 同文。

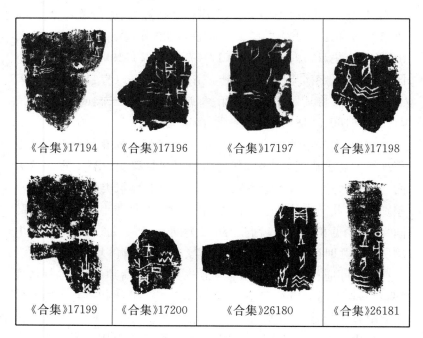

| 《合集》17194 | 《合集》17196 | 《合集》17197 | 《合集》17198 |
| 《合集》17199 | 《合集》17200 | 《合集》26180 | 《合集》26181 |

(1) 壬戌卜宾贞:王亡灾?　　　　　　　　　《合集》17194　宾二

(2) 壬子卜贞:王亡灾? 一　　　　　　　　　《合集》17196　宾二

(3) [贞]:[王]亡灾? 一　　　　　　　　　　《合集》17197　宾二

（4）［王］允亡灾？　　　　　　　　　　《合集》17198　宾二

（5）丙子卜贞：王［亡］灾？　　　　　　《合集》17199　宾二

（6）□午卜贞：王亡灾？　　　　　　　　《合集》17200　宾二

（7）辛未卜出贞：王亡灾？　　　　　　　《合集》26180　出一

（8）丁亥卜［出贞］：王亡灾？　　　　　《合集》26181　出一

　　上揭宾出同文卜辞第三组，《合集》17194、17196、17197、17198、17199、17200，李学勤先生、彭裕商先生、钟舒婷女士等均划为宾组二类，黄天树先生、汉达文库释文整理者、莫伯峰等除将《合集》17194（按：有贞人"宾"）划为"宾三"类外，其余诸片均划为宾出类。《合集》17194 与 17196、17197、17198、17199、17200 等占卜同一事情，且字体与《合集》17194 完全相同，可以肯定应为同时所卜，故而不宜将其划分为两个组类，应均属宾组二类或宾组三类。《合集》26180、26181 属出组一类，诸家无异议。

　　综上，在前辈学人的基础上，我们对新发现的几组宾出同文卜辞进行了初步整理与研究，其内容主要包括祭祀、出行、灾祸等方面。值得注意的是，尽管各家对以上几组卜辞组类之划分有细小差别，但其共同之处在于，均为宾组最晚之卜辞与出组最早之卜辞同文，极少见宾组最晚者与出组二类同文者①。至于这些同文卜辞所共有之时段，黄天树先生、赵鹏女士、莫伯峰等均皆认为"两者并存的时间应在祖庚之世"；李学勤先生、彭裕商师、钟舒婷等认为"两者并存的时间应在武丁晚末"。换言之，即出组一类卜辞的年代上限是否能至"武丁晚期"。

　　从出土坑位方面探讨出组一类卜辞年代上限见前文，本章拟主要从特殊的"辞例"形式、记事刻辞以及卜辞间人物联系三

---

　　① 黄天树：《殷墟王卜辞的分类与断代》第 87 页"H组"，即宾三与出二同文。

个方面,对宾、出同文卜辞共存时间作一考察。

第三节　宾出同文卜辞的年代研究

在甲骨文的形成过程中,产生了许多独特的辞例和记事刻辞,它们或仅见于某一组类,或互见于某两组类,具有明显的时代特征,这对研究甲骨卜辞的年代具有重要参考价值。

(一)特殊"辞例"形式所见时代

据学者研究,"王占曰"这种占辞形式主要盛行于宾组一B类,其他组类极其少见。然而,在出组一类卜辞中,笔者发现有"王占曰"的卜辞有两版,即《合集》24917(图2-1)、24118(图2-2),前者为"卜启"之辞,字体为出组一类;后者可能为"卜选时间"之辞,从残缺的贞人来看,可能为"中",本版与《合集》26870为同文卜辞("中"卜),均属出组一类。宾组一B类的年代学者多定为武丁中期,出一类中此种占辞形式当为武丁时期之孑遗。

图2-1　《合集》24917　　　　　图2-2　《合集》24118

(二)骨白刻辞所见之时代

记事刻辞具有明显的时代差异,学者已对其做了系统的梳理,李学勤、彭裕商二先生在《殷墟甲骨分期研究》一书中对比了宾组与师宾间组、出组一类及宾组本身各类之间有关卜辞特殊现象,从其统计结果来看,骨臼刻辞出现于宾组一 B 类,宾组二类仍有,但宾组二类以后已经消亡了①。方稚松先生对甲骨文中的五种记事刻辞进行了系统研究,他指出"我们统计的骨臼刻辞有 400 余例,其中大部分是属于典宾类的,有一小部分为宾组三类",可知"骨臼刻辞"也应是盛行于武丁时期的一种特殊的记事方式。

在整理出组卜辞的过程中,我们曾发现一例骨臼刻辞,即《掇三》第 15 片(图 2-3),在骨臼的正面有"大"所卜祭祀卜辞,为出组一类无疑,故而这版骨臼刻辞亦是目前所见出组唯一的骨臼刻辞。另外,需要指出的是,这版骨臼刻辞原著录于《合集》17531,但并不知其为《掇三》15 之骨臼。

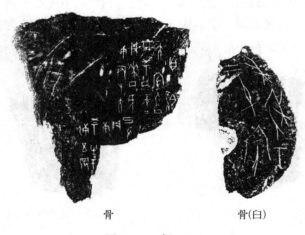

骨 骨(臼)

图 2-3 《掇三》15

① 李学勤、彭裕商:《殷墟甲骨分期研究》第 127—128 页,上海古籍出版社,1996 年。

本版骨臼刻辞曰"妇利示二屯，宾"，通过对相关卜辞的梳理可知，"妇利"在甲骨卜辞中或省称为"利"①，由"妇利"所示的有《合集》1853"妇利示十屯，争"、《合集》2774（图2-4）骨臼"妇利示十屯又一，争"；"利"所示的有《合集》3651 骨臼"利示十屯，争"（图2-5）、《合集》10045"利示六屯，争"、《合集》17610"利示三屯又[一]），㱿"、《合集》17612"利示三屯又一），宾"（图2-6）、《合集》17613"利示一"、《合集》40685"利示六屯，亘"、《天理》34"利示十屯，争"等。

图2-4　《合集》2774臼　图2-5　《合集》3651臼　图2-6　《合集》17612

上揭《合集》1853、2774、3651、10045、17610、17611、17612、17613、40685，《天理》34 皆属宾组一B类。关于宾一B类的年代，李学勤、彭裕商二先生指出"大致属武丁中期，下限可延及武丁晚期"②，可从。以上"妇利"或"利"仅见于宾组一B类，可知其应生活于武丁早中期。尽管检视在前，刻写卜辞在后，除虽经整治或检

---

① 《合集》2774 骨臼曰"妇利示十屯，争"，《合集》3651 骨臼曰"利示十屯，争"，这两版不仅正面卜人均为"宾"，而且也均属宾一B乙类，故而"妇利"即为"利"。

② 李学勤、彭裕商：《殷墟甲骨分期研究》第125页，上海古籍出版社，1996年。

视但未用作占卜的甲骨外,凡检视甲骨的时间与刻写甲骨或用于占卜的时间绝不会相差太远。因此,由"妇利(利)"所检视的这版卜辞(《掇三》15)最晚也不能超过武丁晚期。

　　(三)卜辞间共有人物所见之时代

　　人物之间的联系是探究卜辞年代的重要线索,前辈学者已做过十分详细的梳理,本文不再重复。现仅将师组小字类与出组一类所共见之人物列为表 2-1,以作为探讨出组一类年代上限的参考。

表 2-1　师小字与出组一类共见人物列举

人名	片号 1	师小字	片号 2	出　组
子䶄	20317	师小一	23536	出一
竹	20230	师小二	23805	出一偏晚
竝	20149 正	师小二	24412	出一
侯替	20066	师小一、师小二	24762	出一
贾	20741	师小一	23534	出一

　　学者通过对甲骨的出土坑位及卜辞本身的称谓系统之研究表明,师组小字类的年代主要为武丁中期,上限至武丁早期偏晚[1]。以上见于师组小字类的人物子䶄、竹、竝、侯替、贾等亦见于宾组卜辞,但在出组卜辞中仅见于出组一类。因此,这恐难以用"异代同名"概而论之,而应是同一时代之同一人,均应为生活于武丁早期偏晚至武丁中晚期之人物。由此,我们认为出组一类卜辞的年代

――――――――

　　① 李学勤、彭裕商:《殷墟甲骨分期研究》第 84—91 页,上海古籍出版社,1996 年。

可上溯至武丁晚末，而且这也与甲骨出土坑位所见情形极其吻合（详上章），在 A13、A25、E59 等殷墟坑层中，师组小字类与出组一类同出，但却未见与出组二类同出者。

小　　结

同文卜辞是甲骨文中一种特殊的类别，表明两者在一段时间内共存，目前学者对出组卜辞中的同文卜辞已做了较为详细的整理。本章在已有的基础上，对新见的三组出组一类与宾组二类同文卜辞进行了初步研究。这些卜辞就其内容而言，主要为祭祀、出行和灾祸等方面。宾出同文卜辞的发现，为深化殷墟甲骨断代以及准确辨析各组类字体间的独特特征具有十分重要的价值，亦可为相关史事的准确、全面系联提供可靠线索。

关于宾出同文卜辞的时代，主张出组一类年代上限至武丁末期的学者，认为出组一类、宾组二类两者共存的时段在武丁末期；主张出组一类年代上限没有至武丁末期的学者，认为出组一类、宾组二类两者共存的时段在祖庚初期。在出组一类卜辞中，如"王占曰""骨臼刻辞"等均是盛行于武丁时期的占辞形式和记事方式，因此，出组一类中的这些特殊的现象均应是武丁时期的孑遗。人物上，出组一类除与宾组卜辞有较多共见的人物外，子𬀪、竹、㚔、侯替、贾等既见于师组小字类，又见于出组一类，而不见于出组二类，从相关研究可知，这些人物均应为武丁时期之人物，不大可能晚到祖庚时期。

已有研究表明，骨臼刻辞主要见于宾组卜辞，是武丁时期的一种特殊的记事刻辞。在出组一类卜辞中尚发现一例骨臼刻辞（《掇三》15），通过对这版骨臼刻辞的"示"者"妇利（利）"的梳理，发现其所示之甲骨均属宾组一 B 类，此后再未见到。因此，其生活的年代当在武丁早中期。尽管甲骨卜辞的检视与刻写之间存在一定的时间差距,但不可能相去太过久远,应不会超过十数年。因此,《掇三》15 正面所刻之甲骨卜辞的年代不会晚至祖庚时期,最多到武丁晚期。另外,甲骨出土情况亦可为此提供佐证。总之,宾出同文卜辞共存时段应在武丁晚末而非祖庚初期。

第三章 "王西言"类卜辞与殷商史事钩沉

出组二类卜辞中,出现了较多极具特色之辞,如学人所熟知之"卜王"辞,另有一些尚未引起较多学者关注的卜辞,如我们所讨论之"王西言"卜辞,这里的"王西言"卜辞是彼此间能够建立起紧密联系的一类卜辞的统称。在"王西(遖)言/西言王"之外,据其内容又可细分为三小类,即"王宁/宁王"卜辞、"叀鬼"卜辞、"叀吉"卜辞。以上四类卜辞不仅有同版者(详后文),而且内容也互有联系,故而我们将其统称为"王西言"卜辞。该类卜辞最鲜明的特征是其占卜活动紧紧围绕商王展开,故而对认识商王行迹及商代的政治制度具有重要意义,现分述如下。

第一节 "王西言"卜辞的搜集与整理

"王西言"卜辞在出组二 B 类中最为普遍,出组二 A 类相对较少,但辞例形式及内容两者别无二致,现将相关卜辞梳理如下。

（一）出组二 A 类

1. 甲□[卜]喜[贞]:[今]夕[王西]言?　　　　　　《合补》8279
2. a. □□卜疑[贞]:[今]夕[西]言[王]?

　　b. 乙···疑···王？　　　　　　　　　　　　　《合集》26746

3. a. 丙寅[卜]□贞：今[夕]王西[言]？

　　b. □□[卜]疑[贞]：[今]夕[王西]言？　　　　《合补》8274

4. 戊辰[卜]□贞：今[夕]西言[王]？　　　　　　《东洋》320

5. a. 壬申卜贞：今夕廼言王？

　　b. 贞：叀吉？　　　　　　　　　　　　　　《合集》26752

6. □□卜旅[贞]：今夕[西]言王？　四月。　　　《合集》26740

7. 乙亥卜[旅]贞：今[夕西]言[王]？　　　　　　《合集》26727

8. 丙戌[卜]□贞：今[夕]西[言王]？　　　　　　《合补》8270

9. a. 己丑卜□贞：今夕王西[言]？

　　b. 贞：今夕宁王？　　　　　　　　　　　　《拾遗》369

10. 甲午卜疑贞：今夕西言王？　　　　　　　　《合集》26744

11. 戊戌卜□贞：[今夕]西[言王]？　　　　　　　《安明》1430

12. a. 丙午卜疑贞：今夕王西言？

　　b. [贞]：今夕[王]宁？　八月。　　　　　　《合集》26743

13. a. 戊□[卜]中[贞]：[今夕]西[言王]？

　　b. □□卜□[贞]：[今]夕[西]言[王]？　　　《合集》26762

14. 辛酉卜□贞：今[夕]西言王？　　　　　　　《英藏》2252

15. 癸亥卜贞：今夕王[西言]？　　　　　　　　《合补》7228

16. 戊辰[卜]□贞：今[夕]西言[王]？　　　　　　《合集》26751

17. □□卜旅[贞]今夕[西]言王？　　　　　　　　《合集》26735

18. □□卜旅[贞]今夕[西]言王？　　　　　　　　《合集》26737

19. □申卜疑[贞]：今夕[王]西言？　　　　　　　《合集》26742

20. □□卜疑[贞]：[今]夕西[言]王？　　　　　　《合集》26745

21. a. □巳卜疑贞：今夕[西]言[王]？

　　b. 贞：今[夕]王宁？　　　　　　　　　　　《合集》41271

22. □□卜即[贞]：[今]夕西[言]王？　　　　　　《合补》8268

23. □子卜□贞：今[夕]王西言？ 《合补》8272
24. □□[卜]旅[贞]：今夕[西]言王？ 《合补》8278
25. □□卜疑[贞]：[今]夕西[言]王？ 《合补》8288
26. □□卜□贞：[今]夕[西]言[王]？ 《安明》1426
27. □□[卜]即[贞]：[今]夕西[言王]？ 《安明》1431
28. 贞：今夕王[西言]？ 《俄罗斯》112
29. □□卜即[贞]：[今]夕西[言]王？ 《俄罗斯》116
30. …贞：今夕王西言？ 《旅博》1664
31. □□[卜]即[贞]：[今]夕西[言]王？ 《旅博》1665
32. a. □□[卜]□贞：[今夕]西言[王]？
    b. 贞：叀吉？ 《合补》8265
33. 贞：今夕王甹(宁)？ 《合集》26163
34. 贞：今夕王宁？ 《怀特》1128
35. 贞：今夕王宁？ 《合集》26157
36. 贞：今夕王宁？ 《合集》26158
37. 贞：今夕王宁？ 《合集》26160
38. 贞：今夕王宁？ 《合集》26162
39. 贞：今夕王宁？ 《辑佚》510
40. [贞]：[今]夕王宁？ 《合集》26169
41. a. [贞]：[今夕王]宁？
    b. 贞… 《合集》26178
42. [贞]：今夕[王]宁？ 《历史所》1458
43. 贞：今夕王宁？ 《拾遗》245
44. [贞]：[今]夕[王]宁？ 《拾遗》246
45. a. 丁卯卜□贞：不…
    b. 贞：叀吉？ 《合补》7925
46. a. 贞：叀鬼？

　　　　　b. 贞：叀吉？一月。　　　　　　　　　　《合集》24989

47. a. 贞：叀鬼？

　　　　　b. …宁？　　　　　　　　　　　　　　　　《安明》1387

48. 贞：叀鬼？　　　　　　　　　　　　　　　　　　《安明》1391

49. 贞：叀吉？　　　　　　　　　　　　　　　　　　《安明》1394

50. 贞：叀吉？　　　　　　　　　　　　　　　　　　《安明》1396

51. 贞：叀吉？　　　　　　　　　　　　　　　　　　《安明》1400

52. 贞：叀吉？七月。　　　　　　　　　　　　　　　《合集》26080

53. a. 贞：叀鬼？

　　　　　b. 贞…

　　　　　c. …王…　　　　　　　　　　　　　　　　《英藏》2199

54. a. 贞：叀吉？

　　　　　b. 贞：叀鬼？　　　　　　　　　　　　　　《合集》24985

55. 贞：叀鬼？　　　　　　　　　　　　　　　　　　《合集》24996

56. 贞：叀鬼？　　　　　　　　　　　　　　　　　　《合集》24997

57. 贞：叀鬼？　　　　　　　　　　　　　　　　　　《合集》24998

58. 贞：叀鬼？　　　　　　　　　　　　　　　　　　《合集》24999

59. 贞：叀鬼？　　　　　　　　　　　　　　　　　　《合集》25000

60. 贞：叀鬼？　　　　　　　　　　　　　　　　　　《合集》25001

61. a. 贞：叀鬼？

　　　　　b. …今夕…　　　　　　　　　　　　　　　《合集》25004

62. 贞：叀鬼？　　　　　　　　　　　　　　　　　　《合集》25008

63. 贞：叀鬼？　　　　　　　　　　　　　　　　　　《合集》25010

64. 贞：叀鬼？　　　　　　　　　　　　　　　　　　《合集》25012

65. 贞：叀鬼？　　　　　　　　　　　　　　　　　　《合集》25013

66. 贞：叀鬼？　　　　　　　　　　　　　　　　　　《合集》25014

67. 贞：叀鬼？　　　　　　　　　　　　　　　　　　《合集》26077

68. 贞：叀吉？十月。 《安明》1401

69. 贞：叀鬼？ 《合集》41283

70. 贞：叀鬼？ 《历史所》1496

71. 贞：叀吉？ 《旅博》1572

72. a. 贞：叀吉？

　　b. 贞：叀鬼？ 《合补》8591

73. 贞：叀鬼？ 《掇三》574

上揭均为出组二 A 类，5、32"西言王"与"叀吉"卜辞同版（图 3-1），9、12"王西言"与"宁王（或王宁）"卜辞同版（图 3-2），46、54 "叀吉"与"叀鬼"卜辞同版（图 3-3）。

图 3-1　　　　　　　 图 3-2 　　　　　　　图 3-3
《合集》26752　　　　《合集》26743 　　　《合集》24989

（二）出组二 B 类

1. 丙申卜旅贞：今夕西言［王］？ 《合补》8281

2. 辛亥卜□贞：今夕［西］言王？ 《合补》8638

3. 丁巳［卜］□贞：［今夕］西［言王］？ 《俄罗斯》117

4. 丁卯卜旅贞：今夕西言王？　　　　　《合集》26725

5. 癸酉[卜]□贞：[今夕王]西言？　　　　《合补》8273

6. 乙亥卜[旅]贞：今夕王西言？　　　　《合集》26726

7. 己卯[卜]□贞：今[夕]西言[王]？　　　《合补》8282

8. 辛巳[卜]□贞：今夕[西]言王？　　　　《合集》26754

9. 乙未卜旅[贞]：今夕西言王？　　　　《合集》26729

10. □[未]卜旅[贞]：今夕王[西]言？在八月。《合集》26732

11. a. □□卜旅贞：今夕西言王？

　　b. ⋯吉？八月。　　　　　　　　　《合集》26733

12. a. 丙申卜旅贞：今夕王西言？

　　b. 贞：今夕王宁？　　　　　　　　《合集》26730

13. 戊戌[卜]□贞：今[夕]西[言王]？　　　《英藏》2254

14. 壬寅卜贞：今夕[西]言[王]？　　　　《合集》26756

15. 乙巳[卜]贞：今[夕]王西[言]？　　　　《合集》26758

16. 丁未卜□贞：今[夕]西言[王]？　　　　《合集》26759

17. 戊申卜旅贞：今夕王西言？　　　　《合集》26728

18. a. 癸丑[卜]□贞：今[夕王]西[言]？

　　b. 贞：[叀]吉？　　　　　　　　　《合补》8289

19. 乙卯[卜]□贞：[今夕王]西言？　　　　《合补》8285

20. 丙辰卜旅[贞]：今夕[王]西[言]？　　　《合补》8277

21. 丁巳卜□贞：[今夕]西[言王]？　　　　《俄罗斯》117

22. 己未[卜]□贞：今[夕]西言[王]？　　　《合补》8685

23. 丙申[卜]□贞：今[夕]王西[言]？　　　《合补》8284

24. 壬寅[卜]贞：今[夕]西言[王]？　　　　《合集》26757

25. 戊申卜贞：今夕西言[王]？　　　　　《合集》26760

26. 戊申[卜]贞：今[夕]西言[王]？　　　　《合集》26761

27. □□卜旅[贞]：[今]夕王[西]言？在十月。《合集》26734

28. □□卜即[贞]：[今]夕西[言]王？[十]月。　　《掇三》327

29. □□卜旅[贞]：今夕[西]言王？　　　　　　《合集》26736

30. □□卜旅[贞]：[今]夕西言王？　　　　　　《合集》26738

31. □□卜旅[贞]：今夕[西]言王？　　　　　　《合集》26739

32. □□卜旅[贞]：今夕[西]言王？　　　　　　《合集》26741

33. a. 己亥[卜]□贞：今[夕西]言[王]？

　　b. □□卜凸[贞]：[今]夕西[言]王？

　　c. ⋯叀⋯　　　　　　　　　　　　　　　《拼四》836

34. □□卜凸[贞]：[今]夕西言[王]？　　　　　《合集》26749

35. □□[卜]凸[贞]：[今]夕[西]言[王]？　　　《合补》8276

36. □□卜旅[贞]：今夕[西言]王？　　　　　　《合补》8283

37. ⋯贞：今[夕]王[西]言？　　　　　　　　《合补》8286

38. □□卜旅[贞]：今夕[西]言王？　　　　　　《安明》1425

39. □□卜旅[贞]：今夕西言[王]？　　　　　　《安明》1429

40. □□卜凸[贞]：今夕[西]言王？　　　　　　《安明》1432

41. □□卜旅[贞]：今夕[西]言王？　　　　　　《辑佚》305

42. □□卜旅[贞]：今夕[西]言[王]？　　　　　《辑佚》452

43. □□卜旅[贞]：[今]夕王[西言]？　　　　　《辑佚》501

44. □□卜旅[贞]：[今]夕王[西]言？　　　　　《辑佚》517

45. □辰卜旅[贞]：今夕西言[王]？　　　　　　《合补》8267

46. □□卜旅[贞]：[今]夕王[西]言？　　　　　《历史所》1407

47. ⋯贞：今夕王[西言]？　　　　　　　　　《笏二》575

48. □□卜□[贞]：今夕[西]言[王]？　　　　　《合补》8266

49. □午卜□[贞]：今夕西[言王]？　　　　　　《合补》8269

50. □□卜□[贞]：今[夕西]言王？　　　　　　《合补》8271

51. 戊□[卜]□贞：[今夕王]西[言]？　　　　　《合补》8280

52. □□卜□[贞]：[今]夕王[西]言？　　　　　《英藏》2253

53. □□卜疑[贞]：[今]夕王西[言]？　　　　　《旅博》1666

54. 贞：今夕王宁？　　　　　　　　　　　　《合集》26159

55. 贞：今夕宁[王]？　　　　　　　　　　　《合集》26170

56. a. [贞]：今夕[王]宁？

　　b. 戊□[卜]□贞：[今夕王]西[言]？　　　《合集》26171

57. a. 贞：今夕宁王？

　　b. …乞一屯。　　　　　　　　　　　　《合集》26176

58. 贞：今夕王宁？　　　　　　　　　　　　《安明》1414

59. [贞]：[今]夕[王]宁？　　　　　　　　　《拾遗》246

60. 贞：今夕王宁？　　　　　　　　　　　　《合集》26161

61. a. 贞：今夕王宁？

　　b. …王…　　　　　　　　　　　　　　《合集》26164

62. 贞：今夕王宁？　　　　　　　　　　　　《合集》26165

63. [贞]：今夕王宁？　　　　　　　　　　　《合集》26167

64. [贞]：今夕王宁？　　　　　　　　　　　《合集》26168

65. [贞]：今夕[王]宁？　　　　　　　　　　《合集》26172

66. [贞]：今夕[王]宁？　　　　　　　　　　《合集》26173

67. [贞]：今夕[王]宁？　　　　　　　　　　《合集》26174

68. a. [贞]：[今夕王]宁？

　　b. 壬…　　　　　　　　　　　　　　　《合集》26177

69. 贞：今夕王宁？　　　　　　　　　　　　《安明》1420

70. [贞]：今夕王宁？　　　　　　　　　　　《旅博》1661

71. [贞]：[今]夕[王]宁？　　　　　　　　　《拾遗》247

72. a. 贞：叀吉？正月。

　　b. …叀…　　　　　　　　　　　　　　《合集》26078

73. 贞：叀吉？在三月。　　　　　　　　　　《合集》26074

74. a. 贞：叀鬼？

　　　　b. ［贞］：［叀］吉？四月。　　　　　　　　《合集》24990

75. a. 贞：叀鬼？

　　　　b. 贞：叀吉？六月。　　　　　　　　　　　《安明》1385

76. 贞：叀吉？在六月。　　　　　　　　　　　　　《合集》41282

77. a. 辛未［卜］贞：今［夕］王［宁］？

　　　　b. 贞：［叀］鬼？

　　　　c. 贞：［叀］吉？　　　　　　　　　　　　《合集》24986

78. a. ［贞］：今夕［王］宁？

　　　　b. 贞：［叀］吉？

　　　　c. ［贞］：［叀］鬼？　　　　　　　　　　《合集》24987

79. a. …王…

　　　　b. 贞：［叀］鬼？

　　　　c. 贞：［叀］吉？　　　　　　　　　　　　《合集》24988

80. a. 贞：今夕王宁？

　　　　b. 贞：叀鬼？　　　　　　　　　　　　　　《合集》24991

81. 贞：叀鬼？　　　　　　　　　　　　　　　　　《合集》24992

82. 贞：叀鬼？　　　　　　　　　　　　　　　　　《合集》25007

83. 贞：［叀］鬼？　　　　　　　　　　　　　　　《合集》25009

84. a. …贞…王…

　　　　b. 贞：叀吉？　　　　　　　　　　　　　　《合补》7929

85. a. …王…

　　　　b. 贞：叀鬼？　　　　　　　　　　　　　　《安明》1384

86. a. 贞：［叀］吉？

　　　　b. 乙丑…　　　　　　　　　　　　　　　　《安明》1395

87. 贞：叀鬼？　　　　　　　　　　　　　　　　　《怀特》1073

88. 贞：叀鬼？　　　　　　　　　　　　　　　　　《北大》1095

89. 贞：［叀］吉？　　　　　　　　　　　　　　　《辑佚》227

90. a. □□卜旅[贞]：[今]夕[西]言[王]？

　　b. 贞：叀鬼？　　　　　　　　　　　　　《辑佚》380

91. 贞：叀□？　　　　　　　　　　　　　　《旅博》1737

92. 贞：叀□？　　　　　　　　　　　　　　《历史所》1353

93. 贞：叀□？　　　　　　　　　　　　　　《重博》122

94. 贞：叀鬼？　　　　　　　　　　　　　　《合集》24993

95. 贞：叀鬼？　　　　　　　　　　　　　　《合集》24994

96. 贞：叀鬼？　　　　　　　　　　　　　　《合集》24995

97. [贞]：叀鬼？　　　　　　　　　　　　　《合集》25002

98. [贞]：叀鬼？　　　　　　　　　　　　　《合集》25003

99. 贞：叀鬼？　　　　　　　　　　　　　　《合集》25005

100. [贞]：叀鬼？　　　　　　　　　　　　《合集》25006

101. 贞：[叀]鬼？　　　　　　　　　　　　《合集》25011

102. 贞：叀吉？　　　　　　　　　　　　　《合集》26076

103. 贞：[叀]鬼？　　　　　　　　　　　　《合集》41285

104. 贞：[叀]鬼？　　　　　　　　　　　　《安明》1388

105. a. 贞：今夕[王]宁？

　　b. [贞]：[叀]鬼？　　　　　　　　　　《安明》1389

106. 贞：叀鬼？　　　　　　　　　　　　　《安明》1390

107. 贞：叀吉？　　　　　　　　　　　　　《安明》1399

108. 贞：叀吉？　在□月。　　　　　　　　《安明》1402

109. 贞：叀□？　　　　　　　　　　　　　《旅博》1736

上揭均为出组二 B 类，12、56"王西言"与"王宁"同版（图3-4），18"王西言"与"叀吉"同版（图3-5），77、78、80、105"王宁"与"叀吉""叀鬼"同版（图3-6、7），74、75、79"叀吉"与"叀鬼"同版（图3-8），90"西言王"与"叀鬼"同版（图3-9）。

图 3 - 4
《合集》26730

图 3 - 5 《合补》8289

图 3 - 6 《合集》24991

图 3 - 7 《合集》24987

图 3 - 8 《安明》1385

图 3 - 9
《辑佚》380

第二节 "王西言"卜辞与商代的占梦

梦是人类在睡眠状态下的一种特殊的思维活动,甲骨文中不仅有"梦"字,而且可能还存在专门的解梦或占梦机构,对"王西言"卜辞的深入解读,可为此提供一些新的线索。"王西言"卜辞是甲骨文"言"字出现最频繁的语句,学者对其多有阐发且多涉及"王西言"卜辞的释读,如叶玉森先生、于省吾先生、李孝定先生等,现就其主要观点据引如下。

叶玉森先生指出:"'今月(按:当为夕字)宁''今月亡戾''今月亡祸''今月亡来艰'等,今月下必系吉或凶之习语,殷墟卜辞内屡见'今月⊗ 𤲢'之辞,则⊗ 𤲢二字非吉语即凶繇。"①此说对"西言"二字的正确释读极具启发性,从与"⊗ 𤲢"卜辞存在紧密联系的"王宁""叀吉""叀鬼"卜辞可知"𤲢"所代表的是一种"凶繇"。于省吾先生在举证"言音"本为一字的基础上,指出"凶言王及王凶言之言,即古音字。以辞例考之,应读作歆……卜辞曰今夕西歆王,曰今夕王西歆,曰西飨,曰西示,所云西者均谓西宗也。由是可证今夕西歆王者,言今夕王祭于西宗而神歆其祀也"②。由此可见,将"言"解释为"言语"之"言"恐与文意难恰,故于先生将其读作"音"又训作"歆"的意见具有重要参考价值,然而正如后文所言,将"西"视为"西宗"的省称恐难以成立。李孝定先生认为"于氏引罗郭诸家之说证言音同字,并谓音可读为歆,其说是也。惟谓卜辞之'西言王'或'王西言'者乃王祭于西宗而神灵格飨,亦蹈增字解经之误。盖谓西示即西宗是也。单一西字何以知其为西宗。谓言读为歆训为飨,是也。单一言字何以知其为神灵格飨,且全句之中未见主动词'祭'之痕迹即谓契文尚简,亦必不若是其甚也。"③对诸家之评说十分中肯。如前所述,首先,正如李孝定先生之言,若将"西"解释为"西宗"、"言"训作神灵格飨,全句缺乏主动词,与契文语法结构不合;其次,《合集》26752"西"字作"迺",于省吾先生认为"卜辞迺字均用为语词,容庚以'于是'释之是对的"④。于说近是。因之,将单一之"西"字视为"西宗"之省、"言"字训为神灵格飨均值得商榷。

---

① 叶玉森:《殷虚书契前编集释》第 24 页,大东书局,民国二十三年(1934)。

② 于省吾:《双剑誃殷契骈枝续编》,见《于省吾著作集》第 201—207 页,中华书局,2009 年。

③ 李孝定:《甲骨文字集释》第 744 页,"中央"研究院历史语言研究所专刊之五十,1965 年。

④ 于省吾:《甲骨文字诂林》第 1039 页,中华书局,1996 年。

通过与卜辞"多鬼梦"及相关诸辞之对比可知,"王西言或西言王"之"言"当与梦境相关。《合集》17450 有四条卜辞:"庚辰卜贞:多鬼梦叀疾见?""贞:多鬼梦叀言见""贞:多鬼梦叀□见?""辛巳卜贞:今夕亡祸","鬼梦"学者多释为"畏惧、恐惧之梦",可知"疾"与"言"均为"鬼梦"所致而表现出来的后果,而且《合集》17447、17448、17451 进一步证明"多鬼梦?"可以造成"不若""疾""祸"等不好的结果,不仅与《合集》17450 诸辞相呼应而且与"王宁""叀鬼""叀吉"卜辞相得益彰。此外,"王西言"卜辞之占卜时间无一例外均在夜晚,此与梦境的发生多在夜晚之常理相符。综上,"王西言或西言王"之"言"所表达的亦当是与梦相关的一种不好的结果。文献中,有关占梦的记载可为参证。

《周礼·春官·宗伯下》:

> 占梦掌其岁时,观天地之会,辨阴阳之气,以日月星辰占六梦之吉凶。一曰正梦。二曰噩梦。三曰思梦。四曰寤梦。五曰喜梦。六曰惧梦。季冬,聘王梦,献吉梦于王,王拜而受之。乃舍萌于四方,以赠恶梦,遂令始难,驱疫。

"正梦"郑注:"无所感动,平安自梦。""噩梦"者"惊愕而梦";"思梦"者"觉时所思念之而梦";"寤梦"者"觉时道之而梦。""喜梦"者"喜悦而梦";"惧梦"者"恐惧而梦"[1]。

清华简《程寤》:

> 佳王元祀正月既生魄,太姒梦见商廷惟棘,乃小子发取周

---

[1]　[清] 孙诒让撰,王文锦、陈玉霞点校:《周礼正义》(七)第 1968—1978 页,中华书局,2000 年。

廷梓树于厥外,化为松柏棫柞。寤惊,告王。王弗敢占,诏太子发,俾灵名凶,祓。祝忻祓王,巫率祓太姒,宗丁祓太子发,币告宗祊社稷,忻于六末山川,攻于商神,望,烝,占于明堂。王及太子发并拜吉梦,受商命于皇上帝①。

《逸周书·程寤》:

文王去商在程,正月既生魄,大姒梦见商之庭产棘,小子发取周庭之梓树于厥间,化为松柏棫柞,寤惊,以告文王,文王乃召太子发占之于明堂。王及太子发并拜吉梦,受商之大命于皇天上帝②。

《史记·秦始皇本纪》:

二世梦白虎啮其左骖,杀之,心不乐。怪,问占梦。卜曰:泾水为祟。二世乃斋于望夷宫,欲祠泾,沉四白马③。

《岳麓秦简·占梦书》简 1523＋1522 记载:"若昼梦哑发,不得其日……昼言而暮梦之,有…始□□之时,哑令梦先,春曰发时,夏曰阳,秋曰闭,冬曰藏。占梦之道,必顺四时而豫。"④ 简 1518 记载:"春夏梦亡上者,凶。"简 1495:"梦亡下者,吉。"简 1527:"秋冬梦亡于上者,吉;亡于下者,凶。"

---

① 李学勤主编:《清华大学藏战国竹简(一)》第 136 页,中西书局,2010 年。
② 黄怀信、张懋镕、田旭东:《逸周书汇校集注》第 183 页,上海古籍出版社,2007 年。
③ [汉]司马迁撰,[宋]裴骃集解,[唐]司马贞索隐,[唐]张守节正义:《史记·秦始皇本纪》第 273 页,中华书局,1975 年。
④ 朱汉民、陈松长主编:《岳麓书院藏秦简(一)》第 151 页,上海辞书出版社,2010 年。

《睡虎地秦简·日书甲·梦》简 13、14 背：

> 人有恶梦，觉乃绎（释）发西北面坐，祷之曰：皋，敢告尔
> 豹觭。某有恶梦，走归豹觭之所，豹觭强饮强食，赐某大幅
> （富），非钱乃布，非茧乃絮，则止矣①。

《睡虎地秦简·日书甲·梦》简 189.1—195.1：

> 甲乙梦被黑裘衣冠，喜，入水中及谷，得也；丙丁梦□，
> 喜也，木金得也；戊己梦黑，吉，得喜也；庚辛梦青黑，喜也，
> 木水得也；壬癸梦日，喜也，金，得也。凡人有恶梦，觉而择
> （释）之，西北向择（释）发而驷（呬），祝曰："皋，敢告尔宛奇，
> 某有恶梦，老来□之，宛奇强饮食，赐某大畐（富），不钱则布，
> 不茧则絮。"②

可知，不仅有专门的占梦机构和官员，而且梦也有"噩梦""惧
梦""喜梦""思梦"等不同的类别，而梦往往预示着未来的祸福，故
而其吉凶乃人们所关注之重点。"王西言"类卜辞中"叀鬼""叀吉"
之"鬼（畏）、吉"的对贞，与占梦术语中的"凶、吉"高度一致，此亦可
证明"王西言"之"言"当与梦境相关。那么究竟相当于哪一种梦境
呢？我们认为可能为指代"噩梦"之"魇"，证之如下。

首先，前文已从卜辞本身以及出土文献、传世文献等方面论证
了"王西言"卜辞之"言"与梦境相关。

---

① 睡虎地秦墓竹简整理小组编：《睡虎地秦墓竹简》第 210 页，文物出版社，
1990 年。

② 睡虎地秦墓竹简整理小组编：《睡虎地秦墓竹简》第 247 页，文物出版社，
1990 年。

其次，言属疑母元部、魘属影母谈部，二字音近可通。因此，"王西言"卜辞之"言"当读为"魘"。唐韩退之有诗云"犹疑在波涛，怵惕梦成魘"，魘即怵惕之梦也。

"魘"最早见于《说文》新附①，文献中多训为"梦惊"（《说文》）、"睡中魘"（《广韵·琰韵》）、"噩梦"（《广韵·叶韵》）、"眠不祥"（《集韵·叶韵》）、"惊梦"（《集韵·琰韵》）等，这恰与"言"所表达不好之梦境语义相关。此外，关于"西"字均应读为"廼"，训为"廼立皋门"之"廼"，作语辞。

综上所述，"王西言或西言王"卜辞中之"言"当读为"魘"训作"梦惊""眠不祥"（即做噩梦）。"西"当读为"廼"，作语辞。"叀鬼"之"鬼"读作"畏"，指令人畏惧，易言之，即凶也。由此，"今夕王西言"即今天晚上王做噩梦吗？"今夕西言王"同前辞，仅语序有别，将"王"字后置，强调"做噩梦"的主语是"商王"而非他人。"今夕王宁"，宁者安也，指今天晚上商王是否安宁？"叀鬼""叀吉"指王做噩梦或惊梦所对应之吉凶祸福。占卜的主要目的是趋吉避凶，正如前引"多鬼梦"诸辞，噩梦虽会令人惊恐、畏惧，但终非现实，故而占卜其"鬼（凶）"与"吉"正可起到防患于未然之效。

值得注意的是，"王西言或西言王"卜辞不仅只见于出组而且均属出组二类，关于出组二类卜辞的年代，学者多将其定为祖甲时期，故而这类卜辞里的"王"就应是武丁之子商王祖甲。祖甲，传世文献鲜有记载，而且对其政治形象也褒贬不一，而"王西言"卜辞的发现可补充史书记载之不足，为彻底澄清相关问题提供重要参考。

---

① 段玉裁认为"徐铉用为新附字，误矣。《山海经》'服之使人不厌'郭云'不厌，不厌梦也。'此厌字最古者也，其音一剡切"。

第三节 "王西言"卜辞与商王
祖甲的政治形象

有关祖甲的记载主要见于《尚书·无逸》《国语》《史记·殷本纪》《竹书纪年》等,但由于诸家对"帝甲"的指称存在"太甲"与"祖甲"之分歧,故而成为聚讼千年的学术公案。然而,结合上下文以及其他出土文献、传世文献之记载可知,《无逸》等书中之"帝甲"绝非汤孙"太甲",而应为武丁子"祖甲",关于这一点古来解经者如马融、郑玄、孔安国、朱熹等多有辩驳,限于篇幅此不赘言。值得注意的是,何组二类卜辞中"帝甲与祖丁"同版(《合集》27439)、"帝甲与帝丁"同版(《辑佚》548 正),根据确切的称谓、地层及与出组卜辞的联系等可知何组二类的年代为"廪辛、康丁"时期,而且在除前文所举两版卜辞之外的其他卜辞中,不仅有单独的"父甲"(《合集》27456),而且尚有"父甲、祖丁"(《合集》27321)同版者,因此《合集》27439、《辑佚》548 正之"帝甲"即"祖甲"、"祖丁"即"武丁"。对比上述传世文献与甲骨文记载,可知郑玄等将《无逸》《国语》之"帝甲"训为"武丁子祖甲"甚善,而且从《殷本纪》的记载来看,"帝甲"无疑也是指武丁之子、祖庚之弟"祖甲"。

《史记·殷本纪》记载:"帝武丁崩,子帝祖庚立。祖己嘉武丁之以祥雉为德,立其庙为高宗,遂作《高宗肜日》及《训》。帝祖庚崩,弟祖甲立,是为帝甲。帝甲淫乱,殷复衰。"而这与《国语》"玄王勤商,十有四世,帝甲乱之,七世而陨"中对"帝甲""淫乱"形象的描述一致。然而,《无逸》《竹书纪年》的记载却与此不同。《无逸》记载:

　　周公曰:呜呼!我闻曰:昔在殷王中宗,严恭寅畏,天命自度,治民祗惧,不敢荒宁。肆中宗之享国,七十有五年。其在高宗,时旧劳于外,爰暨小人。作其即位,乃或亮阴,三年不言。其惟不言,言乃雍。不敢荒宁,嘉靖殷邦。至于小大,无时或怨。肆高宗之享国,五十有九年。其在祖甲,不义惟王,旧为小人。作其即位,爰知小人之依,能保惠于庶民,不敢侮鳏寡。肆祖甲之享国,三十有三年。自时厥后,立王生则逸。生则逸,不知稼穑之艰难,不闻小人之劳,惟耽乐之从。自时厥后,亦罔或克寿。或十年,或七八年,或五六年,或四三年①。

可知"祖甲"乃与殷之贤王"中宗大戊/祖乙""高宗武丁"比肩的贤明君王,而且《无逸》后文殷之中宗、高宗、祖甲与周之太王、王季、文王等对举,可见"祖甲"在周人心目中实乃一贤明之君王,此与《史记》《国语》之记载不同。《竹书纪年》记载:"祖甲,元年丁巳,王即位,居殷。十二年,征西戎。冬,王返自西戎。十三年,西戎来宾,命邠侯组绀。二十四年,重作汤刑。二十七年,命王子嚣、王子良。三十三年,陟。王旧在野,及即位,知小人之依,能保惠庶民,不侮鳏寡,迨其末也,繁刑以携远,殷道复衰。"②可知"祖甲"在位时乃一大有作为之君,及其末世才出现"繁刑以携远"的"淫乱"现象。从大量的出土文献来看,《史记》的记载往往较为简略,或省去了中间许多细节,这一点在对西周末年的骊姬之乱、平王东迁以及二王并立等事件的记载上尤为明显,此可参清华简《系年》第二章。结合以上两种文献,可知"祖甲"实乃一位可与殷周之贤王比肩的

---

①〔清〕孙星衍撰,陈抗、盛冬铃点校:《尚书今古文注疏》第434—440页,中华书局,2016年。

②〔清〕郝懿行著,李念孔点校:《竹书纪年校证》第3865—3866页,齐鲁书社,2010年。

贤明君主,《史记》《国语》将其定义为导致殷道复衰的"淫乱"君主
的观点可商。然而,真相究竟如何,作为商人实录的甲骨卜辞或可
为此提供一些新的线索。

从属于祖甲时期的出组二类、历组二C类、历无名间类卜辞之
内容可知,主要为祭祀类,其次为有关商王行迹的卜辞,再次为少
量的战争及农业卜辞,田猎卜辞则较为少见,而且在属于祖甲时期
的出组二类中出现了系统的周祭卜辞,周祭乃殷人最为重要的祭
祀制度,从祖庚祖甲时期一直持续到商代灭亡,持续两百多年。综
上可见,祖甲当非"惟耽乐之从""淫乱"之昏君,而是一位能够保惠
万民、刑德并举的贤明之主。"王西言"卜辞反映出商王祖甲晚期
对国事的忧劳和天命的畏忌,正如俗语所云"日有所思夜有所梦",
《殷本纪》武丁梦得傅说之记载可与此比参。

> 帝小乙崩,子帝武丁立。帝武丁即位,思复兴殷,而未得
> 其佐。三年不言,政事决定于冢宰,以观国风。武丁夜梦得圣
> 人,名曰说。以梦所见视群臣百吏,皆非也。于是乃使百工营
> 求之野,得说于傅险中。是时说为胥靡,筑于傅险。见于武
> 丁,武丁曰是也。得而与之语,果圣人,举以为相,殷国大治。
> 故遂以傅险姓之,号曰傅说。

对比以上记载,"王西言"卜辞极有可能是商王祖甲忧劳国事、
畏忌天命的一种反映,就"王西言"卜辞的数量而言,并非寥寥数
语,而是有上百条,可见其事于殷人而言绝非寻常,正如武丁思复
兴殷邦不得贤臣辅佐而梦见傅说之故事一样,"商王"祖甲之"言
(魇)"极有可能也有复杂的历史背景。诚然,也不可排除仅仅只是
因为商王身体欠佳而形成的一种普通的"梦境",商王亦血肉之躯,
且生老病死概莫能外,由于商王身份的特殊性,殷人对商王身体的

关切乃必然之事,故而出现较多占卜商王梦境之吉凶的卜辞自在情理之中。以上对"王西言"卜辞背景的分析仅属推测,而最终真相的揭示尚有待更多新材料的发现。

小　　结

出组二类中出现了较多特殊的卜辞,如"王西言或西言王""王宁或宁王""叀鬼""叀吉",通过同版关系可知,它们之间有紧密联系,而且从对其内容的分析来看,它们的确属于同一件事情的不同侧面,宜将其视为一个整体来考察。详察其辞例,"王西言"卜辞最为完整,"王宁""叀鬼""叀吉"卜辞均有所省略,可知"王西言"卜辞当为其母体,故而文中暂以"王西言"卜辞指代该类卜辞。

首先,本章对"王西言"卜辞进行了穷尽式的搜集整理,并分类排列。"王西言"总计有 182 版,其中出组二 A 类 73 版,出组二 B 类 109 版。

其次,"王西言"卜辞由于辞例简略,进而增加了考释的难度,其中最关键之处在于对"言"字的解释。在前辈学人基础上,结合卜辞本身、出土文献以及传世文献,我们认为"王西言"之"言"当读为"䴹"训作"梦惊""眠不祥"(即做噩梦)。"西"当读为"迺",作语辞。"叀鬼"之"鬼"读作"畏",指令人畏惧,易言之,即凶也。由此,"今夕王西言"即今天晚上王做噩梦吗?"今夕西言王"同前辞,仅语序有别,将"王"字后置,强调"做噩梦"的主语是"商王"而非他人。"今夕王宁",宁者安也,指今天晚上商王是否安宁?"叀鬼""叀吉"指王做噩梦或惊梦所对应之吉凶祸福。

再次,从与《周礼》《逸周书》《史记》及出土简牍材料之综合对比可知,商人对"梦"已有所认识,在当时可能已经产生了占梦与解梦的相关机构,对认识商代的政治制度及社会生活等具有重要参考价值。

最后,参照相关文献记载,"王西言"卜辞有可能是商王祖甲忧劳国事、畏忌天命的一种折射,可为重新认识商王祖甲的政治形象提供参考。结合大量属于祖甲时期甲骨卜辞之内容,我们认为帝甲"淫乱"导致"殷道复衰"的记载值得商榷①。

---

① 本章写成后,"先秦秦汉史"公众号推送陈剑先生《卜辞"凶"词觅踪》一文,文中受"叀鬼"与"叀吉"对贞之启发,将该类中之"鬼"字读为"凶恶"之"凶",吉、凶对言,古今习见。此说甚有理,对准确理解"王西言"卜辞的准确含义极具启发,故附记于此。

第四章 出组卜辞"小乇"身份考

小辪乃仅见于出组一类的一位重要人物,学者对其身份多有考辨,然均不足以采信。通过对其事迹的梳理考证,我们认为"小辪"很可能为殷高宗武丁之王妃"妣癸",亦即出组二类所见之"母癸"。

第一节 "小乇"其名之辨

甲骨文中有一人名作"小乇",亦即本文所论之"小辪"。"小辪"组卜辞是研究商代丧葬制度,尤其是探讨商王庙号来源的重要材料。长期以来,学者对其多有阐发,兹简述如下。李学勤先生以本组卜辞为据,提出了商王庙号源于死后卜选而来之新说①。彭裕商师在赞同李先生"死后卜选说"的基础上,对这一组卜辞进行了初步系联,并将其排入一年之内②。饶宗颐先生在《殷代贞卜人物通考》一书中将"乇"释为"辪"读为"祠、祀③",进而将"小辪"读为《周礼·肆师》中"大祀、次祀、小祀"之"小祀",饶先生释字可从,

---

① 李学勤:《评陈梦家殷虚卜辞综述》,《考古学报》1957年第3期。
② 李学勤、彭裕商:《殷墟甲骨分期研究》第131—132页,上海古籍出版社,1996年。
③ 饶宗颐:《殷代贞卜人物通考》第825—827页,香港中文大学出版社,1959年。

然将其读为"小祀"恐不可信。裘锡圭先生在释"以"时进一步申论了余永梁先生将"㚸"释为"辝"的观点,认为"㚸"所从"以"与"弓"皆为"㚸"字之声符①,可信。严一萍先生著《释小㚸》一文,指出"㚸"为"后、亏"之合文,"小后亏"即为孝己之妃②。朱凤瀚先生在研究卜辞与商金文中的"后"时对"小㚸"组卜辞进行了梳理,支持严一萍释"㚸"为"后、亏"合文的观点,并做了更为详细的论证③。裘锡圭先生对严、朱二先生之说有质疑,他提出将"㚸"读为"娴",卜辞中用作女性之称谓④。此外,郭旭东先生在其博士论文《卜辞与殷礼研究》中据引"小㚸"组卜辞,对其所反映的丧葬礼仪、品立王后的婚姻制度等进行了研究,指出"小㚸"的身份为时王的王后,其族氏源于与商王室世代通婚之"龚"族⑤,此说具有一定参考价值。从卜辞文义及相关字形、字音等来看,将"小㚸"之"㚸"释为"辝"之观点可信,故本书中或名其曰"小辝"。

综上,学者对"小辝"之身份进行了研究,不论是从"辝"字本身入手,还是从其他方面着眼,都认为其身份为王后或王妃,足见其地位之尊崇。以严一萍先生为代表的学者认为"小辝"为孝己之妃;郭旭东等认为"小辝"乃时王之妃。据笔者浅见,以上两说均不可从。

首先,"㚸"并非"后、亏"合文。其一,《京人》1885(图4-1)有"㽂㽂",若为合文则势必读为"后后亏",不成辝。其二,《合补》

---

① 裘锡圭:《甲骨文字考释(续)》,见《裘锡圭学术文集·甲骨文卷》第182—183页,复旦大学出版社,2012年。

② 严一萍:《释小㚸》,《甲骨古文字研究》第一辑第191—196页,艺文印书馆,1976年。

③ 朱凤瀚:《论卜辞与商周金文中的"后"》,《古文字研究》第十九辑,中华书局,1992年。

④ 裘锡圭:《说"娴"》,见《裘锡圭学术文集·甲骨文卷》第523—526页,复旦大学出版社,2012年。

⑤ 郭旭东:《卜辞与殷礼研究》第三章,陕西师范大学博士学位论文,2010年。

7480(图4-2)有"屮于龚以",其字从"以",《合集》24951(图4-3)亦有"龚刁",其字从"刁",可知其所从之"刁""以"均为声符,则"刁"应为"司"而非"后"。其三,据古书记载,孝己早丧,是否有妃尚不可知,故孝己之妃一说难征。

图4-1 《京人》1885　　图4-2 《合补》7480　　图4-3 《合集》24951

其次,"小辝"并非时王之后,应为先王之后,理由如下。其一,通过对相关卜辞的梳理可知,在"小刁"亡故后商王不仅亲自参与其丧葬仪式,而且进行了隆重祭祀,若为时王之妃,此种礼遇与甲骨文及古礼不合。在武丁诸妇中,妣戊(妇妌)、妣辛(妇好)亡故后均未见武丁对其举行过于隆重之祭祀,而且古代男尊女卑,丈夫对妻子的礼遇不可能如此隆盛。其二,《合集》24951(=《前》1.30.5+2·25·6)等记载于"辝宗"(图4-3)之中对母辛举行岁祭,此母辛即武丁之妃妇好,其与妇好(时王之母辈)一同在宗庙中祭祀,足见其地位之高贵,亦应属时王之母辈,而非其后妃。其三,由"小刁"组卜辞可知,在其亡故后所选定祭祀之日为"癸",且在出组二类卜辞中,常于"癸"日对其祭祀,因此,其庙号必为"癸",查周祭祀谱,祖庚、祖甲并无名"癸"之王后,而商王武丁有妣戊、妣辛、妣癸三位王后。总之,不论从甲骨卜辞本身的记载,还是"小𠬝"组卜辞所反映的相关信息,将"小𠬝"理解为先王之后妃(即时王之母辈)都要比视为时王之配偶更加合理可靠。

另外,尽管"小𠬝"为人名已为大多数学者之共识,但"小𠬝"是否与"𠬝"为一人尚有分歧。经笔者检索,在宾组卜辞中"小扫"可简称为"扫"①、"小邑"亦可简称为"邑"②等,此例甚多,不赘举,依此例,"小𠬝"可简称"𠬝"。更为重要的是,在出组一类至出组二类中出现"𠬝"与"小𠬝"的卜辞具有十分紧密的联系,这足以说明"𠬝"与"小𠬝"为同一人。

第二节　"小𠬝"为武丁之妃"妣癸"说

前文已指出,记载"小𠬝"亡故之辞(《合集》4962、4963、23586、26804、17098)均为出组一类,而出组一类的年代主要为祖庚时期,上限可及武丁晚末,故将其视为孝己或时王(祖庚)之妃均不合理。周祭中配享武丁者有妣戊、妣辛、妣癸,虽不能确定三妇亡故的先后次序,但值得注意的是,在出组一类中未发现有"母癸"称谓,而在此后的出组二类中出现了"母癸",这应非巧合,故"小𠬝"极有可能为祖庚、祖甲之生母或继母,殷高宗武丁之王后"妣癸",试证之如下。

其一,遍查甲骨卜辞,除河、岳、夒等自然神祇外,凡有宗庙者皆为一代商王或王后。《合集》24951记载于"𠬝宗"(小𠬝之宗庙)

---

① 参见《合集》17569,《合补》2150,《合集》1534、1661、2225 等。
② 参见《合集》17569—17574 等。

之中对母辛举行祭祀，可见"小𰷱"亡故后商王为其修筑了宗庙。甲骨卜辞有"唐宗"（《合集》1339）、"丁宗"（《合集》13534）、"妣庚宗"（《合集》23372）、"母辛宗"（《合集》23448、23520）、"祖丁宗"（《合集》30300、30301）、"父己宗"（《合集》30302）、"祖乙宗"（《合集》32360、33108、34050）、"父丁宗"（《合集》32700）、"大乙宗"（《合集》32868）、"康祖丁宗"（《合集》35395）、"武乙宗"（《合集》35931）等，此皆为商王或王后之宗庙，足见小𰷱地位之崇高。

其二，从我们对"小𰷱"组卜辞排谱系联的结果来看，小𰷱从亡故之始至居丧终了所用之时间竟长达一年之久，而且此间商王亲自参与了她的丧礼，并对其进行了隆重祭祀，足见其与商王关系之亲密。

其三，"小𰷱"之庙号为"癸"，与武丁王后"妣癸"之庙号相合，而且占卜庙号之卜辞，仅有为小𰷱作日之《合集》23712、23713、23714（图4-4、5、6）及卜选禀辛庙号之《合补》10388（图4-7）。《合集》23712、23713、23714诸版皆卜问"作小𰷱日叀癸"，翻检相关卜辞，凡对小𰷱进行祭祀者几乎均在"癸"日，因此"小𰷱"之庙号为"癸"当无疑问。

其四，"小𰷱"与"丁"或"父丁"关系极其密切。《合集》23715、23716、23708（图4-8、9、10）诸辞记载对"小𰷱"进行"老"祭①是否要"丁"来作配享，出组卜辞中之"丁"即"父丁（武丁）"，上揭诸版卜辞之意则为，八月丁酉日占卜小𰷱的宗庙初步落成对其进行祭祀是否要以父丁为宾配。无独有偶，《史购》第207版（图4-11）为出组二B类卜辞，其上"父丁"与"母癸"对举，知此"母癸"当为武丁之妻。

---

① 此处之"考"指宫庙初成之祭。《春秋·隐公五年》"考仲子之宫"孔颖达疏引服虔云"宫庙初成祭之名为考"，可从。

图 4-4 《合集》23712　图 4-5 《合集》23713　图 4-6 《合集》23714

图 4-7 《合补》10388　　图 4-8 《合集》23715　图 4-9 《合集》23716

图 4 - 10 《合集》23708　　　　　图 4 - 11 《史购》207

其五，卜辞所见卜选日名者，仅"小辝"组卜辞和《合补》10388两组。前文已指出属出组一类的《合集》23712、23713、23714诸片不仅卜选"小辝"之日名，而且也有"品"祭之辞。《合补》10388为历无间类，李学勤先生指出"为卜选廪辛"日名之辞，同样本版中也有"品"祭之辞，足见两者具有许多共同之处。《合补》10388为一代商王"廪辛"卜选日名，此事于殷人之重要性不言而喻，那么同样记载为其占卜"日名"的"小辝"亦绝非泛泛之辈，此亦可佐证"小辝"极有可能为商王之王后。

其六，"子"对其进行祭祀，而这里的"子"应即"多子族"之"子"，他们的身份"或是时王的亲兄弟、从父兄弟，或是时王的诸父诸祖"①。《合集》22559（图4 - 12）记载"癸丑卜大贞：子屮于辝羌五？"，此即"子"用五个羌人献祭"小辝"，亦可见其地位之尊贵。

①　彭裕商：《非王卜辞研究》，《古文字研究》第十三辑第 57—81 页，中华书局，1986 年。

图4-12　《合集》22559　　　图4-13　《屯南》3186　　　图4-14　《合集》23719

其七,《合集》24951记载"出于五毓至于龚辝",裘锡圭先生指出"殷墟卜辞中指称祭祀对象的'毓',肯定包括时王的祖父以下的先王,肯定不包括高祖(曾祖之父)以上的先王,至于曾祖是否包括在内还有待研究"[①]。此说可信。尽管卜辞中"自…至于多毓"中之"毓"很有可能也包括了直系女性先祖在内(按:卜辞有"毓妣"),但是仍发现直系先祖与女性先祖一同受祭的例子,《屯南》3186(图4-13)记载"甲申卜其□于毓祖(按:从拓本看当为'祖乙')、妣庚裸、二牢",此处之"毓祖乙"当为"小乙"、"妣庚"即小乙之配偶,那么以上"五毓"则应指"阳甲、盘庚、小辛、小乙、武丁"五位先王,而"龚辝"与以上五位直系先王一同受祭,足可证明其为商王之直系至亲无疑。

另外,"小辝"与"母辛"所用祭法、牺牲等可能相同。《合补》7042记载"[辛]卯出于母辛三宰、籫一牛、羌十",《合集》23719(图4-14)记载"[壬]午卜大贞:翌癸未出于小辝三宰、籫

_____

① 裘锡圭:《论殷墟卜辞"多毓"之"毓"》,《中国商文化国际学术讨论会论文集》,中国大百科全书出版社,1998年。

一牛…"①。由于《合集》23719"牛"字之后是否有字尚不能肯定，因此本条仅作为辅证"小辝"身份地位之参考。

小　结

"小辝"是仅见于出组卜辞中的一位重要人物，尽管对其名称的释读仍有一些分歧，但绝大多数学者将其视作人名，此当为不易之事实。在此基础上，本章对其身份进行了考证，以期对卜辞相关人物、事类、典章制度的认识有所裨益。从对相关卜辞的梳理可知，"小辝/辝"不仅与商王武丁之配偶"妣癸"日名相同，而且从其亡故年代推测其活动之年代在武丁时期，对比其葬礼中时王（祖庚）对其进行的隆重祭祀以及与武丁（父丁）之间的紧密关系，我们认为"小辝"极有可能为武丁之王后"妣癸"，亦即见于出组二类之"母癸"。

---

① 《合集》23719诸家释文皆认为"牛"后已无文字，放大图版观察，其后似有笔画，但拓本漫漶不清，故暂且存疑。

第五章 "卜王辞"与商王祖甲 行迹考辨

殷墟甲骨文中,有一类卜辞作"干支卜王",故学者多将其名曰"卜王辞",该类卜辞仅见于出组二类,历来学者对其多有探讨。关于"卜王辞"的研究除见前文研究概况部分外,在一些甲骨文专著如《殷虚卜辞综述》《殷墟卜辞综类》《殷代地理简论》《殷墟甲骨分期研究》《殷墟王卜辞的分类与断代》等的某些章节中亦略有所涉及。然而,"卜王辞"的具体含义至今仍未得善解,成为有待解决之问题。至于其具体含义,首先可以肯定的是该类卜辞必然与商王有关,其次结合出组二类中出现大量商王外出巡游的卜辞可以推测,"卜王辞"也极有可能记录的是商王之行迹,而这一点与较多的"卜王辞"后附记地点和月份相得益彰,而且李学勤、彭裕商二先生将该类卜辞与"王步……""王往……"等事关商王出行的卜辞系联①,实乃"卜王辞"亦记载商王行迹之辞的良好佐证。在将其理解为商王出行卜辞的基础上,我们拟对该类卜辞进行排谱系联,就其所见商王祖甲之行迹作一考辨,以期对殷商历史的研究有所裨益,不当之处,祈请方家批评指正。

---

① 李学勤、彭裕商:《殷墟甲骨分期研究》第 396—405 页,上海古籍出版社,1996 年。

第一节　出组二 A 类卜王辞的
排谱系联

　　"卜王辞"主要见于出组二 B 类,出组二 A 类极少见,现就相关卜辞分类系联如下。在系联的过程中,同一版卜辞中有多条内容相同者仅罗列其中一条,不同版卜辞内容相同者难以肯定是否为同时所卜,故暂将其视为两条并单独系联。

　　(1) 丙… 　　　　　　　　　　　　　　　《合集》41022

　　(2) 丙寅卜旅贞:其乎行从,不菁方? 　　　《合集》41022

　　(3) 丙寅卜:王? 　　　　　　　　　　　　《合集》41022

　　(4) 庚子卜:王? 　　　　　　　　　　　　《合集》24425

　　(5) 壬寅卜旅贞:王其往观于𣊫亡灾? 　　　《合集》24425

　　(6) 壬寅卜:王? 　　　　　　　　　　　　《合集》23413

　　(7) 贞:其又母辛更□? 　　　　　　　　　《合集》23413

　　(8) 贞:更牛? 六月。 　　　　　　　　　　《合集》23413

　　(9) 贞:更象? 六月。 　　　　　　　　　　《合集》23413

　　(10) 癸丑卜:王? 吉。 　　　　《上博》17647.529＋534

　　(11) 甲寅卜:王? 　　　　　　　　　　　　《合集》24525

　　(12) …弜…牛? 　　　　　　　　　　　　　《合集》24525

　　(13) □辰卜:王? 吉。 　　　　　　　　　　《合集》26085

　　(14) 吉。吉。吉。 　　　　　　　　　　　　《合集》26085

　　(15) 戊午卜:王? 吉。 　　　　《上博》17647.529＋534

　　所见月份仅有六月,据干支序数可排入数月之内。丙寅日(3)王尚在王畿,卜问乎令行从王出征,路途中是否会遭遇方方。庚子日(37)商王业已返回王畿。六月壬寅日(39)商王从王畿将往"𣃁"地巡视。

出组二A类之年代学者定为祖甲前期①，可从。相关卜辞可排在数月之内，记载了商王从王畿出发征伐"方方"以及去往"𣃁"地巡视之事。

第二节　出组二B类卜王辞的排谱系联

从对该类卜王辞干支及月份的综合考察可知，其并非两三年内所发生之事，通过对干支序数的排比推算(以正月"戊戌"为定点)，可将其排入九年之内，由于难以肯定有相同干支及月份的卜辞是否为同一年，故本文在排谱系联时绝大多数默认其为非同一年所卜。需要注意的是，由于在出组卜旬辞中有横跨四旬的记载，但十分少见，绝大多数月份仅跨三旬，故而本节暂依大月30天、小月29天且大小月相间隔的原则进行排列。尽管出组卜辞以后极少发现十三月，但在西周初期的金文中仍有十三月、十四月，故而殷时之闰法是否已经统一为"年中置闰"尚值得怀疑。即使到秦汉时期，归余于终的传统制度仍然存在。为简便起见，本节暂从年终置闰法。准此，下面将对卜王辞进行排谱系联，由于出组卜辞不载王年，排列方式不止一种，故而我们的排谱系联只是一种尝试，以期对促进相关史事之认识有所助益。

第一年

(1) 甲午卜：王？　　　　　　　　　　　　　《合集》23965

(2) □□卜行贞：…丁其…巳…　　　　　　　《合集》23965

---

① 李学勤、彭裕商：《殷墟甲骨分期研究》第139页，上海古籍出版社，1996年。

（3）乙未卜：王？　　　　　　　　　　　　　《合集》23974

（4）乙未卜：王？　　　　　　　　　　　　　《缀续》418

（5）丙申卜：王？　　　　　　　　　　　　　《缀续》418

（6）丁酉卜：王？　　　　　　　　　　　　　《醉古》216

（7）戊戌卜：王？ 在一月。在师差。　　　　　《合集》24281

（8）己亥卜：王？　　　　　　　　　　　　　《合集》23997

（9）庚子卜：王？　　　　　　　　　　　　　《合集》24006

（10）□丑卜：王？ 在一月。　　　　　　　　《合集》24114

（11）壬寅卜：王？　　　　　　　　　　　　《合集》24024

（12）癸卯卜：王？　　　　　　　　　　　　《合集》24024

（13）癸卯卜：王？　　　　　　　　　　　　《拼四》994

（14）甲辰卜：王？　　　　　　　　　　　　《拼四》994

（15）乙巳卜：王？　　　　　　　　　　　　《合集》24042

（16）丙午卜：王？　　　　　　　　　　　　《合集》24049

（17）丁未卜：王？　　　　　　　　　　　　《合集》24050

（18）戊申卜：王？　　　　　　　　　　　　《合集》24056

（19）己酉卜：王？　　　　　　　　　　　　《合集》24060

（20）庚戌卜：王？　　　　　　　　　　　　《合集》24064

（21）辛亥卜：王？　　　　　　　　　　　　《合补》8325

（22）壬子卜：王？　　　　　　　　　　　　《拼三》731

（23）癸丑卜：王？　　　　　　　　　　　　《拼三》731

（24）甲寅卜：王？　　　　　　　　　　　　《拼三》731

（25）乙卯［卜］：王？　　　　　　　　　　《合集》24075

（26）丙辰卜：王？　　　　　　　　　　　　《合集》24075

（27）丁巳卜：王？　　　　　　　　　　　　《合集》24076

（28）戊午卜：王？　　　　　　　　　　　　《合集》24079

（29）戊午卜：王？　　　　　　　　　　　　《合集》24084

（30）己未卜：王？ 《合集》24084

（31）己未卜［王］贞：小王岁宰？ 《合集》23808

（32）庚申卜：王？ 《合集》24091

（33）辛酉卜：王？ 吉。 《缀汇》444

（34）辛酉卜：王？ 《缀汇》444

（35）壬戌卜：王？ 《合集》24104

（36）癸亥卜：王？ 《合集》24106

（37）甲子卜：王？ 《合集》23808

（38）乙丑卜：王？ 《缀汇》495

（39）乙丑征雨至于丙寅雨？ 劳。 《缀汇》495

（40）贞：其征雨？ 《缀汇》495

（41）乙丑卜王曰贞：今日至于翌不雨？ 《缀汇》495

（42）丙寅卜：王？ 《合集》23823

（43）丙寅卜：王？ 《合集》23831

（44）丁卯卜：王？ 《合集》23831

（45）戊辰卜：王？ 《契合》172

（46）己巳卜：王？ 《合集》23844

（47）庚午卜：王？ 《合集》23844

（48）辛未卜：王？ 吉。 《合集》26082

（49）壬申卜：［王］？ 《合集》23856

（50）癸酉卜：王？ 《合集》23858

（51）甲戌卜：王？ 《合补》8474

（52）乙亥卜：王？ 《合集》23862

（53）乙亥卜：王？ 《拼四》993

（54）丙子卜：王？ 《拼四》993

（55）丁丑卜：王？ 《合集》23872

（56）戊寅卜：王？ 《合集》23874

(57) 己卯卜：王？　　　　　　　　　　　　《合集》23877

(58) 己卯卜：王？　　　　　　　　　　　　《合集》23882

(59) 庚辰卜：王？　　　　　　　　　　　　《合集》23882

(60) 辛巳卜：王？　　　　　　　　　　　　《合集》23887

(61) 壬午卜：王？在师劳卜。　　　　　　　《缀汇》446

(62) 壬午卜：王？　　　　　　　　　　　　《缀汇》446

(63) 壬午卜：王？　　　　　　　　　　　　《合集》23891

(64) 癸未卜：王？　　　　　　　　　　　　《合集》23891

(65) 甲申卜：王？　　　　　　　　　　　　《合集》23903

(66) 乙酉卜：王？　　　　　　　　　　　　《合集》23913

(67) 丙戌卜：王？　　　　　　　　　　　　《合集》23917

(68) 丁亥卜：王？　　　　　　　　　　　　《合集》23920

(69) 丁亥卜：王？　　　　　　　　　　　　《合集》23923

(70) 戊子卜：王？　　　　　　　　　　　　《合集》23923

(71) 己丑卜：王？　　　　　　　　　　　　《合集》23938

(72) 庚寅卜：王？　　　　　　　　　　　　《合集》23938

(73) 辛卯卜：王？在师曼卜。　　　　　《合集》23948＋①

(74) 辛卯卜：王？　　　　　　　　　　《合集》23948＋②

(75) 辛卯卜：王？　　　　　　　　　　　　《合集》23954

(76) 壬辰卜：王？　　　　　　　　　　　　《合集》23954

(77) 癸巳卜：王？　　　　　　　　　　　　《合集》23958

(78) 甲午卜：王？在三月。　　　　　　　　《合集》23968

(79) [甲]午卜：[王]？　　　　　　　　　　《合集》23968

(80) 甲午卜：王？　　　　　　　　　　　　《合集》23973

---

① 王红：《出组卜王卜辞缀合八例》,《故宫博物院院刊》2013 年第 3 期。

② 王红：《出组卜王卜辞缀合八例》,《故宫博物院院刊》2013 年第 3 期。

（81）乙未卜：王？　　　　　　　　　　　《合集》23973

（82）丙申卜：王？　　　　　　　　　　　《合集》23978

（83）丙申卜：王？　　　　　　　　　　　《合集》23980

（84）丁酉卜：王？　　　　　　　　　　　《合集》23982

（85）戊戌卜：王？　　　　　　　　　　　《合集》23980

（86）己亥卜：王？　　　　　　　　　　　《合集》23998

（87）庚子卜：王？　　　　　　　　　　　《合集》24007

（88）辛［丑］卜：［王］？　　　　　　　　《合集》24013

（89）壬寅卜：王？　　　　　　　　　　　《合集》24013

（90）癸卯卜：王？　　　　　　　　　　　《合集》24026

（91）癸卯卜：王？　　　　　　　　　　　《合集》24035

（92）甲辰卜：王？　　　　　　　　　　　《合集》24035

（93）乙巳卜：王？　　　　　　　　　　　《合集》24043

（94）丙午卜：王？　　　　　　　　　　　《合集》24051

（95）丁未卜：王？　　　　　　　　　　　《合集》24052

（96）戊申卜：王？　　　　　　　　　　　《合集》24058

（97）己酉卜：王？　　　　　　　　　　　《合集》24061

（98）庚戌卜：王？　　　　　　　　　　　《合补》8311

（99）辛亥卜：王？　　　　　　　　　　　《合补》8509

（100）壬子卜：王？　　　　　　　　　　《合集》41054

（101）癸丑卜：王？　　　　　　　　　　《合集》24066

（102）甲寅卜：王？　　　　　　　　　　《合集》24069

（103）甲寅卜：王？　　　　　　　　　　《合集》24346

（104）乙卯卜：王？　　　　　　　　　　《合集》24346

（105）乙卯卜王曰贞：翌丙辰王其步自获？　《合集》24346

（106）乙卯卜王曰贞：于丁巳步？　　　　《合集》24346

（107）丙辰卜：王？　　　　　　　　　　《合集》24077

（108）丁巳卜：王？　　　　　　　　　　《合集》24078

（109）戊午卜：王？　　　　　　　　　　《合集》24081

（110）己未卜：王？　　　　　　　　　　《合集》24086

（111）庚申卜：王？　　　　　　　　　　《合集》24092

（112）辛酉卜：王？在□月。　　　　　　《合集》24101

（113）壬戌卜：王？　　　　　　　　　　《合集》24101

（114）癸亥卜：王？　　　　　　　　　　《合集》24107

（115）甲子卜：王？　　　　　　　　　　《合集》23809

（116）乙丑卜：王？　　　　　　　　　　《合集》23816

（117）丙寅卜：王？　　　　　　　　　　《合集》23827

（118）丁卯卜：王？　　　　　　　　　　《合集》23832

（119）戊辰卜：王？在四月。　　　　　　《合集》23837

（120）戊辰卜：王？　　　　　　　　　　《合集》23837

（121）己巳卜：王？　　　　　　　　　　《京人》1503

（122）庚午卜：王？在师枞卜。　　　　　《拼续》383

（123）庚午卜：王？　　　　　　　　　　《拼续》383

（124）辛未卜：王？　　　　　　　　　　《合补》8324

（125）壬申卜：王？　　　　　　　　　　《合补》8557

（126）癸酉卜：王？　　　　　　　　　　《合集》23860

（127）甲戌卜：王？　　　　　　　　　　《合集》22946

（128）□□卜□贞：祖乙…兹用。　　　　《合集》22946

（129）乙亥卜：王？　　　　　　　　　　《合补》8409

（130）丙子卜：王？　　　　　　　　　　《合集》23868

（131）丁丑卜：王？　　　　　　　　　　《合集》23871

（132）戊寅卜：王？　　　　　　　　　　《合集》23873

（133）己卯卜：王？　　　　　　　　　　《合集》23876

（134）庚辰卜：王？　　　　　　　　　　《合集》23884

（135）辛巳卜：王？ 　　　　　　　　　　《合集》23886

（136）壬午卜：王？ 　　　　　　　　　　《合集》23888

（137）癸未卜：王？ 　　　　　　　　　　《合集》23893

（138）甲申卜：王？ 　　　　　　　　　　《缀集》282

（139）乙酉卜：王？ 　　　　　　　　　　《合集》23911

（140）丙戌卜：王？ 　　　　　　　　　　《合集》23916

（141）丁亥卜：王？ 　　　　　　　　　　《合集》23919

（142）戊子卜：王？ 　　　　　　　　　　《缀汇》445

（143）己丑卜：王？ 　　　　　　　　　　《合集》23934

（144）庚寅卜：王？ 　　　　　　　　　　《合集》23936

（145）辛卯卜：王？ 　　　　　　　　　　《合集》23946

（146）壬辰卜：王？ 　　　　　　　　　　《合集》23955

（147）癸巳卜：王？ 　　　　　　　　　　《合集》23957

（148）甲午卜：王？ 　　　　　　　　　　《合集》23964

（149）乙未卜：王？ 　　　　　　　　　　《合集》23975

（150）丙申卜：王？ 　　　　　　　　　　《合集》23979

（151）丁酉卜：王？ 　　　　　　　《合集》23983＋①

（152）戊戌卜：王？ 　　　　　　　　　　《合集》23988

（153）己亥卜：王？ 　　　　　　　　　　《合集》24000

（154）庚子卜：王？ 　　　　　　　　　　《合集》24008

（155）辛丑卜：王？ 　　　　　　　　　　《合集》24008

（156）壬寅卜：王？ 　　　　　　　　　　《合集》24014

（157）癸卯卜：王？ 吉。 　　　　　　　　《合集》24027

（158）癸卯卜：王？ 　　　　　　　　　　《合集》24027

---

① 马尚：《台湾历史博物馆所藏甲骨缀合五组》，中国社会科学院先秦史研究室网站 https://www.xianqin.org/blog/archives/14301.html，2020 年 10 月 28 日。

（159）甲辰卜：王？　　　　　　　　　　　　《合集》24036

（160）乙巳卜：王？　　　　　　　　　　　　《合集》24044

（161）丙午卜：［王］？　　　　　　　　　　《合补》8470

（162）丁未卜：王？　　　　　　　　　　　　《合集》24053

（163）己酉卜：王？　　　　　　　　　　　　《合集》24062

（164）庚戌卜：王？　　　　　　　　　　　　《合补》8403

（165）辛亥［卜］：［王］？　　　　　　　　《合补》8551

（166）壬子卜：王？　　　　　　　　　　　　《怀特》1187

（167）癸丑卜：王？　　　　　　　　　　　　《合集》24067

（168）癸丑卜：王？　　　　　　　　　　《怀特》1172＋①

（169）甲寅卜：王？　　　　　　　　　　　　《合集》24074

（170）［乙］卯卜：王？　　　　　　　　　　《合集》24074

（171）丙辰卜：王？　　　　　　　　　　《怀特》1172＋②

（172）丁巳卜：王？　　　　　　　　　　　　《合补》8318

（173）戊午卜：王？　　　　　　　　　　　　《合集》24083

（174）己未卜：王？　　　　　　　　　　　　《合集》24088

（175）庚申卜：王？　　　　　　　　　　　　《合集》24093

（176）辛酉卜：王？　　　　　　　　　　　　《合集》24098

（177）壬戌卜：王？　　　　　　　　　　　　《合集》24105

（178）癸亥卜：王？　　　　　　　　　　　　《合集》24108

（179）甲子卜：王？　　　　　　　　　　　　《合集》41042

（180）乙丑卜：王？　　　　　　　　　　　　《合集》23818

（181）丙寅卜：王？　　　　　　　　　　　　《合集》23824

（182）丁卯卜：王？　　　　　　　　　　　　《合集》23834

---

① 王红：《出组卜王卜辞缀合八例》,《故宫博物院院刊》2013 年第 3 期。
② 王红：《出组卜王卜辞缀合八例》,《故宫博物院院刊》2013 年第 3 期。

(183) 戊辰[卜]: 王?　　　　　　　　　　《安明》1568

(184) 己巳卜: 王? 在六月。　　　　　　　《合集》23843

(185) 己巳卜: 王?　　　　　　　　　　　《合集》23843

(186) 庚午卜: 王?　　　　　　　　　　　《合集》23847

(187) 辛未卜: 王?　　　　　　　　　　　《合补》8351

(188) 壬申[卜]: 王?　　　　　　　　　　《旅博》1376

(189) 癸酉[卜]王曰贞: □?　　　　　　　《合集》23859

(190) 癸酉卜: 王?　　　　　　　　　　　《合集》23859

(191) 甲戌卜: 王?　　　　　　　　　　　《怀特》1162

(192) 乙亥卜: 王?　　　　　　　　　　　《合集》23865

(193) 丙子卜: 王?　　　　　　　　　　　《合集》23870

(194) 丙[子卜]: [王]?　　　　　　　　　《合补》8317

(195) 丁丑卜: 王?　　　　　　　　　　　《合补》8317

(196) 丁丑卜: 王?　　　　　　　　　　　《合补》8445

(197) 戊寅卜: 王?　　　　　　　　　　　《合补》8445

(198) 己卯卜: 王?　　　　　　　　　　　《合集》23879

(199) 庚辰卜: 王?　　　　　　　　　　　《合集》23885

(200) [辛]巳卜: 王?　　　　　　　　　　《北大》2802

(201) 壬午[卜]: 王?　　　　　　　　　　《北大》2802

(202) 癸未卜: 王?　　　　　　　　　　　《合集》23896

(203) 甲申卜: 王?　　　　　　　　　　　《合集》23899

(204) 乙酉卜: 王? 在□[月]。　　　　　　《合补》8432

(205) 丙戌卜: 王?　　　　　　　　　　　《合集》23899

(206) 丁亥卜: 王?　　　　　　　　　　　《合集》41044

(207) 戊子卜: 王? 在师喜卜。　　　　　　《合集》24337

(208) 戊子卜: 王?　　　　　　　　　　　《合集》24337

(209) 己丑[卜]: 王?　　　　　　　　　　《京人》1490

(210)［庚］寅卜：［王］？　　　　　　　　《京人》1490

(211) 庚寅卜：王？　　　　　　　　　　《合集》23940

(212) 辛卯卜：王？　　　　　　　　　　《合集》23947

(213) 壬辰卜：王？　　　　　　　　　　《合集》23956

(214) 癸巳卜：王？　　　　　　　　　　《合集》23959

(215) 甲午卜：王？　　　　　　　　　　《合集》23966

(216)［乙］未卜：王？　　　　　　　　《合集》41047

(217) 丙申卜：王？　　　　　　　　　　《合集》41047

(218) 丁酉卜：王？　　　　　　　　　　《合集》23984

(219) 戊戌卜：王？　　　　　　　　　　《合集》23989

(220) 己亥卜：王？　　　　　　　　　　《缀汇》878

(221) 庚子［卜］：王？　　　　　　　　《合补》8345

(222) 辛丑卜：王？　　　　　　　　　　《合集》24010

(223) 壬寅卜：王？　　　　　　　　　　《合集》24015

(224) 癸卯卜：王？　　　　　　　　　　《合集》24028

(225) 甲辰卜：王？　　　　　　　　　　《合集》24037

(226) 乙巳卜：王？　　　　　　　　　　《合集》24045

(227) 丙午［卜］：王？　　　　　　　　《合补》8512

(228) 丁未卜：王？　　　　　　　　　　《合集》24054

(229) 己酉卜：王？在师逄卜。　　　　　《合集》24267

(230) 己酉卜：王？　　　　　　　　　　《合集》24267

(231) 庚戌卜：王？　　　　　　　　　　《合补》8405

(232) 庚［戌］卜：王？　　　　　　　　《辑佚》358

(233) 辛亥卜：王？　　　　　　　　　　《辑佚》358

(234) 壬子卜：王？　　　　　　　　　　《英藏》2017

(235) 癸丑卜：王？　　　　　　　　　　《合集》24068

(236) 癸丑卜：王？　　　　　　　　　　《拼三》751

（237）甲寅卜：王？ 《合集》24072

（238）乙卯卜：王？ 《合补》8392

（239）丙辰卜：王？ 《拼三》751

（240）丁巳卜：王？ 《合补》8416

（241）戊午卜：王？ 在七月。 《俄罗斯》90

（242）戊午卜：王？ 《俄罗斯》90

（243）己未卜：王？ 《合集》24089

（244）庚申卜：王？ 《合集》24094

（245）辛酉卜：王？ 《合集》24099

（246）辛酉卜：王？ 在□月。在师般卜。 《拼三》759

（247）辛酉卜：王？ 《拼三》759

（248）壬戌卜：王？ 《拼三》759

（249）癸亥［卜］：王？ 《旅博》1396

（250）甲子卜：王？ 《合集》23812

（251）乙丑卜：王？ 《合集》23819

（252）丙寅卜：王？ 《合集》23825

（253）丁卯卜：王？ 《合集》23835

（254）戊辰卜：王？ 《上博》17647.541

（255）己巳［卜］：王？ 《英藏》2002

（256）庚午卜：王？ 《拼续》381

（257）辛未卜：王？ 《合集》23854

（258）［壬］申卜：［王］？ 《合集》23854

（259）癸酉卜：王？ 《合集》23857

（260）甲戌卜：王？ 《合补》8339

（261）乙亥卜：王？ 《合集》23863

（262）丙子卜：王？ 《合集》23869

（263）丁丑卜：王？ 《合集》24667

(264) □□[卜王]曰贞：不雨？　　　　　　　　《合集》24667

(265) □丑卜…　　　　　　　　　　　　　　　《合集》24667

(266) 戊寅卜：王？　　　　　　　　　　　　　《合补》8329

(267) 己卯卜：王？ 在丹。　　　　　　　　　《合集》24386

(268) 庚辰贞：其陟高祖上甲兹□？ 王占兹□。

　　　　　　　　　　　　　　　　　　　　　　《屯南》2384

(269) 庚辰卜：王？　　　　　　　　　　　　　《屯南》2384

(270) 辛巳卜：王？　　　　　　　　　　　　　《京人》1655

(271) 壬午卜：王？　　　　　　　　　　　　　《合补》8510

(272) 癸未卜：王？　　　　　　　　　　　　　《合集》23895

(273) 甲申卜：王？　　　　　　　　　　　　　《合集》23904

(274) 乙酉卜：王？　　　　　　　　　　　　　《合集》23914

(275) 丙戌卜：王？　　　　　　　　　　　　　《合集》23918

(276) 丁亥卜：王？　　　　　　　　　　　　　《合集》23921

(277) 戊子卜：王？　　　　　　　　　　　　　《缀汇》597

(278) 己丑卜：王？　　　　　　　　　　　　　《合集》23935

(279) 庚寅卜：王？　　　　　　　　　　　　　《合集》23939

(280) 辛卯卜：王？　　　　　　　　　　　　　《合集》23949

(281) 壬辰[卜]：王？　　　　　　　　　　　　《合补》8553

(282) 癸巳卜：王？　　　　　　　　　　　　　《合集》23960

(283) 乙未卜：王？ 在九月。　　　　　　　　　《合补》8482

(284) [乙]未卜：[王]？　　　　　　　　　　　《合补》8482

(285) 丙申[卜]：王？　　　　　　　　　　　　《合补》8365

(286) 丁酉卜：王？　　　　　　　　　　　　　《合集》23986

(287) 戊戌卜：王？　　　　　　　　　　　　　《合集》23990

(288) 己亥卜：王？　　　　　　　　　　　　　《合集》24004

(289) 庚子卜：王？　　　　　　　　　　　　　《合补》8397

（290）庚子卜行贞：其又于妣庚牡？　　　　　　　　《合补》8397

（291）贞：牝？　　　　　　　　　　　　　　　　　《合补》8397

（292）壬寅卜：王？　　　　　　　　　　　　　　　《合补》8413

（293）癸卯卜：王？　　　　　　　　　　　　　　　《合集》24030

（294）乙巳卜：王？　　　　　　　　　　　　《合集》24047＋①

（295）丙午卜：王？　　　　　　　　　　　　　　　《合补》8570

（296）丁未卜：王？　　　　　　　　　　　　　　　《合补》8389

（297）己酉卜：王？　　　　　　　　　　　　　　　《合补》8441

（298）庚戌卜：王？　　　　　　　　　　　　　　　《京人》1338

（299）□□卜尹［贞］…岁…　　　　　　　　　　　《京人》1338

（300）辛亥卜：［王］？　　　　　　　　　　　　　《俄罗斯》137

（301）癸丑卜：王？　　　　　　　　　　　　　　　《合补》7601

（302）甲寅卜：王？　　　　　　　　　　　　　　　《京人》1489

（303）乙卯卜：王？　　　　　　　　　　　　　　　《合补》8517

（304）丁巳卜：王？　　　　　　　　　　　　　　　《北大》1205

（305）□巳卜行贞：王宾裸亡祸？　　　　　　　　　《合补》7601

（306）戊午卜：王？　　　　　　　　　　　　　　　《合补》8300

（307）己未［卜］：王？　　　　　　　　　　　　　《合补》8400

（308）庚申卜：王？　　　　　　　　　　　　　　　《合集》24097

（309）贞：牝？　　　　　　　　　　　　　　　　　《合集》24097

（310）辛酉卜：王？　　　　　　　　　　　　　　　《合补》8541

（311）壬戌卜：王？　　　　　　　　　　　　　　　《合补》8372

（312）癸亥卜：王？ 在十月。　　　　　　　　　　《合集》24111

（313）甲子卜：王？　　　　　　　　　　　　　　　《合补》8303

---

① 李延彦：《甲骨新缀第 117、118 则》，中国社会科学院先秦史研究室网站 https://www.xianqin.org/blog/archives/2891.html，2013 年 1 月 19 日。

（314）乙［丑卜］：王？　　　　　　　　　《合补》8303

（315）丙寅卜：王？　　　　　　　　　　《合集》23807

（316）贞：二宰？　　　　　　　　　　　《合集》23807

（317）贞：三宰？　　　　　　　　　　　《合集》23807

（318）丁卯卜：王？　　　　　　　　　　《合集》23838

（319）甲戌［卜］：王？　　　　　　　　　《合补》7207

（320）乙亥卜：王？　　　　　　　　　　《合集》23864

（321）［丙］子卜：王？　　　　　　　　　《合补》8339

（322）丁丑卜：王？　　　　　　　　　　《合集》41043

（323）丁丑卜：王？　　　　　　　　　　《合集》23883

（324）戊寅卜：王？　　　　　　　　　　《合补》8421

（325）己卯卜：王？　兹毋用。　　　　　《合集》23878

（326）庚辰卜：王？　　　　　　　　　　《合集》23883

（327）辛巳卜：王？　　　　　　　　　　《拼三》752

（328）壬午［卜］：［王］？　　　　　　　《合补》8554

（329）癸未卜：王？　　　　　　　　　　《合补》8562

（330）癸未卜：王？　　　　　　　　　　《合集》23898

（331）甲申卜：王？　　　　　　　　　　《合集》23898

（332）乙酉卜：王？　　　　　　　　　　《合补》8430

（333）丙戌卜：王？　　　　　　　　　　《合集》23898

（334）丁亥卜：王？　　　　　　　　　　《合补》8330

（335）戊子卜：王？　　　　　　　　　　《合集》23926

（336）己丑卜：王？　　　　　　　　　　《合集》23937

（337）庚□［卜］□贞…　　　　　　　　　《合集》41044

（338）辛卯卜：王？　　　　　　　　　　《合集》23950

（339）壬辰卜：王？　　　　　　　　　　《京人》1485

（340）癸巳卜：王？　　　　　　　　　　《合集》23961

(341) 甲午卜：王？ 《合集》23967

(342) 乙未卜：王？ 《合补》8483

(343) 丙申卜：王？ 《合补》8354

(344) 丁酉卜：王？ 《合集》23985

(345) 戊戌卜：王？ 在十一月。在裹。 《合集》24235

(346) 戊戌卜：王？ 《合集》24235

(347) 己亥卜：王？ 《合集》24003

(348) 庚子卜：[王]？ 《合补》8359

(349) 辛丑卜：王？ 《合集》24011

(350) 壬寅卜：王？ 《合集》24016

(351) 癸卯卜：王？ 《合集》24029

(352) 甲辰卜：王？ 《合集》24038

(353) 乙巳卜：王？ 《合集》24046

(354) 乙巳卜：王？ 《合补》8564

(355) 丙午卜：王？ 《合补》8564

(356) 丁未卜：王？ 《合补》8337

(357) 己酉[卜]：王？ 《合补》8368

(358) 庚戌卜：王？ 《合补》8419

(359) 辛亥[卜]：[王]？ 《上博》54789.2

(360) □□卜：王？ 《上博》54789.2

(361) 癸丑卜：王？ 《合补》7287

(362) 甲寅卜：王？ 《合集》24073

(363) 乙卯卜：王？ 《合补》8418

(364) 丙辰[卜]：[王]？ 《合补》8537

(365) 丁巳卜：王？ 《合补》8537

(366) 戊午卜：王？ 《合补》8542

(367) 己未卜：王？ 《合集》24090

（368）庚申卜：王？　　　　　　　　　　　　　　《合集》24095

（369）辛酉卜：王？　　　　　　　　　　　　　　《合补》8344

（370）壬戌卜：王？　　　　　　　　　　　　　　《合补》8335

（371）癸亥卜：王？　　　　　　　　　　　　　　《合集》23820

（372）甲子卜：王？　　　　　　　　　　　　　　《拼四》1005

（373）乙丑卜：王？　　　　　　　　　　　　　　《合集》23820

（374）丙寅卜：王？　　　　　　　　　　　　　　《拼四》1005

（375）丁卯卜：王？　　　　　　　　　　　　　　《合集》23836

（376）戊辰卜：王？　　　　　　　　　　　　《上博》67761.17

（377）己巳卜：王？　　　　　　　　　　　　　　《拾遗》352

（378）庚午卜：王？ 在██山卜。　　　　　　　　《合集》24352

（379）庚午卜：王？ 在十二月。　　　　　　　　《合集》24352

（380）辛未［卜］：王？　　　　　　　　　　　　《京人》1502

（381）癸酉卜：王？　　　　　　　　　　　　　　《合补》7666

第二年

（1）己丑卜：［王］？　　　　　　　　　　　　　《东洋》334

（2）庚寅卜：王？　　　　　　　　　　　　　　　《合集》23941

（3）辛卯卜：王？　　　　　　　　　　　　　　　《合集》23951

（4）辛［卯］卜：王？　　　　　　　　　　　　　《英藏》2012

（5）壬辰卜：王？　　　　　　　　　　　　　　　《英藏》2012

（6）癸巳卜：王？ 在师劳。　　　　　　　　　　《合补》8373

（7）癸巳卜：王？　　　　　　　　　　　　　　　《合补》8373

（8）甲午卜：王？　　　　　　　　　　　　　　　《合集》23969

（9）乙未［卜］：王？　　　　　　　　　　　　　《合补》8498

（10）丙申［卜］：王？　　　　　　　　　　　　　《合补》8574

（11）丁酉卜：王？　　　　　　　　　　　　　　　《合补》8442

（12）辛丑卜：王？ 在正月，在洦。　　　　　　　《合集》24012

（13）辛丑卜：王？ 《合集》24012

（14）甲辰卜：王？ 《合集》24040

（15）丁未卜：王？ 《合补》8489

（16）辛亥［卜］：王？ 《旅博》1391

（17）癸丑卜：王？ 吉。 《合补》8428

（18）癸丑卜：王？ 《合补》8428

（19）［甲］寅［卜］：王？ 《合补》8460

（20）乙卯卜：王？ 《契合》343

（21）戊午卜：王？ 《上博》17647.524

（22）己未卜：王？ 《合补》8475

（23）庚申卜：王？ 《合补》8327

（24）辛酉卜：王？ 《京人》1480

（25）壬戌卜：王？ 《合补》8572

（26）癸亥卜：王？ 《合补》8573

（27）甲子卜王曰贞：翌乙丑咸毓祖乙岁，其祉，方其害□？

《合补》8378＋①

（28）甲子卜王曰贞：奴毋祉？兹不用。孚于雨。

《合补》8378＋②

（29）甲子卜：王？ 奴卜，大奴。 《合补》8378＋③

（30）甲子卜：王？ 奴卜，小奴。 《合补》8378＋④

---

① 王雪晴：《甲骨缀合一则》，中国社会科学院先秦史研究室网站 https://www.xianqin.org/blog/archives/14482.html，2020 年 11 月 9 日。

② 王雪晴：《甲骨缀合一则》，中国社会科学院先秦史研究室网站 https://www.xianqin.org/blog/archives/14482.html，2020 年 11 月 9 日。

③ 王雪晴：《甲骨缀合一则》，中国社会科学院先秦史研究室网站 https://www.xianqin.org/blog/archives/14482.html，2020 年 11 月 9 日。

④ 王雪晴：《甲骨缀合一则》，中国社会科学院先秦史研究室网站 https://www.xianqin.org/blog/archives/14482.html，2020 年 11 月 9 日。

（31）甲子卜：王？兹用。日𠦪。　　　　《合补》8378＋①

（32）乙丑卜：王？　　　　　　　　　　　《合补》8357

（33）丙寅卜：王？　　　　　　　　　　　《合补》8377

（34）丁卯卜：王？　　　　　　　　　　《合补》8378＋②

（35）戊辰卜：王？　　　　　　　　　　　《俄罗斯》71

（36）［己巳］卜：王？　　　　　　　　　　《拾遗》353

（37）辛未卜：王？　　　　　　　　　　《京人》1506＋③

（38）辛未卜：王？　　　　　　　　《上博》17647.538

（39）［壬］申卜：［王］？　　　　　　《上博》17647.538

（40）癸酉卜：王？　　　　　　　　　　　《合补》8309

（41）甲戌卜：王？　　　　　　　　　《上博》48947.16

（42）乙亥［卜］：王？　　　　　　　　　　《合补》8485

（43）丙子卜：王？　　　　　　　　　　　《合补》8375

（44）丁丑［卜］：王？　　　　　　　　　　《合补》8478

（45）庚辰卜：王？　　　　　　　　　　　《合补》8528

（46）癸未卜：王？　　　　　　　　　　　《合补》8353

（47）甲申卜：王？　　　　　　　　　　　《合集》23907

（48）乙酉卜：王？　　　　　　　　　　《英藏》2007＋④

（49）丙戌卜：王？　　　　　　　　　　　《东大》1229

（50）丁亥卜：王？　　　　　　　　　　　《合补》8386

---

① 王雪晴：《甲骨缀合一则》，中国社会科学院先秦史研究室网站 https://www.
xianqin.org/blog/archives/14482.html，2020 年 11 月 9 日。

② 王雪晴：《甲骨缀合一则》，中国社会科学院先秦史研究室网站 https://www.
xianqin.org/blog/archives/14482.html，2020 年 11 月 9 日。

③ 展翔：《殷契缀合第 51（替换）、52、53 则》，中国社会科学院先秦史研究室网站
https://www.xianqin.org/blog/archives/15158.html，2021 年 3 月 16 日。

④ 林宏明：《甲骨新缀第 174—176 例》，中国社会科学院先秦史研究室网站
https://www.xianqin.org/blog/archives/2215.html，2010 年 12 月 21 日。

(51) 戊子卜：王？在师喜卜。 　　　　　　　　《合集》24336

(52) 戊子卜：王？ 　　　　　　　　　　　　　《合集》24336

(53) 庚寅卜：王？ 　　　　　　　　　　　　　《合集》23942

(54) 辛卯卜：王？ 　　　　　　　　　　　　　《合集》23953

(55) 辛［卯卜］：王？ 　　　　　　　　　　　《合补》8451

(56) ［壬］辰卜：［王］？ 　　　　　　　　　《合补》8451

(57) 癸巳卜：王？ 　　　　　　　　　　　　　《合集》23963

(58) 甲午卜：王？ 　　　　　　　　　　　　　《合集》23970

(59) 乙未卜：王？ 　　　　　　　　　　　　　《合补》8518

(60) 戊戌卜：王？ 　　　　　　　　　　　　　《合集》23991

(61) 己亥卜：王？ 　　　　　　　　　　　　　《合补》8314

(62) ［庚］子卜：［王］？ 　　　　　　　　　《合补》8314

(63) 辛丑卜：王？ 　　　　　　　　　　　　　《拼续》402

(64) ［壬］寅卜：王？在三月。 　　　　　　　《合集》24112

(65) 甲辰卜：［王］？ 　　　　　　　　　　　《合集》24041

(66) 乙巳卜：王？ 　　　　　　　　　　　　　《合集》24048

(67) 丙午卜：王？ 　　　　　　　　　　　　　《缀汇》520

(68) 丁未卜：王？ 　　　　　　　　　　　　　《东洋》338

(69) 己酉［卜］：王？ 　　　　　　　　　　　《合补》8569

(70) 庚戌卜：王？ 　　　　　　　　　　　　　《俄罗斯》88

(71) 辛亥卜：王？ 　　　　　　　　　　　　　《俄罗斯》89

(72) ［壬］子卜：［王］？ 　　　　　　　　　《俄罗斯》89

(73) ［甲］寅卜：王？ 　　　　　　　　　　　《北大》1216

(74) 己未卜：王？ 　　　　　　　　　　　　　《拼四》988

(75) 庚申卜：王？ 　　　　　　　　　　　　　《合补》8443

(76) 辛酉卜：王？ 　　　　　　　　　　　　　《旅博》1394

(77) 壬戌［卜］：［王］？ 　　　　　　　　　《北大》1208

(78) 癸亥[卜]:[王]?　　　　　　　　　　　　《京人》1663

(79) 甲子卜:王?　　　　　　　　　　　　　　《合补》8390

(80) [乙丑]卜:王? 在师劳卜。　　　　　　　　《缀汇》880

(81) 乙丑卜:王?　　　　　　　　　　　　　　《缀汇》880

(82) 丙寅卜:王?　　　　　　　　　　　　　　《合集》23828

(83) 丁卯卜:王? 吉。　　　　　　　　　　　　《合集》26081

(84) 庚午卜:王?　　　　　　　　　　　　　　《合集》23850

(85) 辛未卜:王?　　　　　　　　　　　　　　《旅博》1374

(86) 癸酉[卜]:[王]?　　　　　　　　　　　　《安明》1567

(87) 甲戌卜:王?　　　　　　　　　　　　　　《安明》1567

(88) 乙亥卜:王?　　　　　　　　　　　　　　《京人》1494

(89) 丙子卜:王?　　　　　　　　　　　　　　《合补》8414

(90) 丁丑卜:王?　　　　　　　　　　　　　　《京人》1504

(91) 戊寅卜:王?　　　　　　　　　　　　　　《俄罗斯》76

(92) 癸未卜:王? 在四月。　　　　　　　　　　《合集》24665

(93) 癸未卜行贞:今日至于翌甲申不雨?　　　　《合集》24665

(94) 贞:其雨?　　　　　　　　　　　　　　　《合集》24665

(95) 癸未卜:王?　　　　　　　　　　　　　　《合集》24665

(96) 贞:其⋯　　　　　　　　　　　　　　　　《合补》8328

(97) 丙戌卜:王?　　　　　　　　　　　　　　《合补》8328

(98) 庚寅卜:王? 在师劳卜。　　　　　　　　　《合集》24286

(99) 庚寅卜:王?　　　　　　　　　　　　　　《合集》24286

(100) 癸巳卜:王?　　　　　　　　　　　　　《合集》23964

(101) 甲午卜:王?　　　　　　　　　　　　　《合集》23972

(102) 乙未卜:王?　　　　　　　　　　　　　《合补》8531

(103) 丙申[卜]:王?　　　　　　　　　　　　《合补》8691

(104) 丁酉卜:王?　　　　　　　　　　　　　《辑佚》400

（105）戊戌卜：王？ 　　　　　　　　　　《合集》23992

（106）己亥卜：王？ 　　　　　　　　　　《合补》8453

（107）庚子卜：王？ 　　　　　　　　　　《合补》8515

（108）辛丑卜：王？ 　　　　　　　　　　《合补》8341

（109）壬寅卜：王？ 　　　　　　　　　　《合集》24017

（110）癸卯卜：王？ 　　　　　　　　　　《合集》24032

（111）丁未卜：王？ 　　　　　　　　　　《旅博》1389

（112）己酉卜：［王］？ 　　　　　　　　　《合补》8466

（113）庚戌卜：王？ 　　　　　　　　　　《俄罗斯》87

（114）［戊］午卜：王？ 在𠭯卜。 　　　　《合集》24366

（115）癸亥卜：王？ 　　　　　　　　　　《合集》24110

（116）丙寅卜：王？ 　　　　　　　　　　《合补》8387

（117）丙寅卜行贞：岁叀叔？ 　　　　　　《合补》8387

（118）丁卯卜：王？ 　　　　　　　　　　《合集》23839

（119）戊辰卜：王？ 　　　　　　　　　　《合集》23841

（120）庚午卜：王？ 在六月。 　　　　　　《合补》8560

（121）庚午卜：王？ 　　　　　　　　　　《合补》8560

（122）辛未卜：王？ 　　　　　　　　　　《东洋》339

（123）壬申卜：王？ 　　　　　　　　　　《东洋》339

（124）癸酉卜：王？ 　　　　　　　　　　《英藏》2002

（125）乙亥卜：王？ 　　　　　　　　　　《合集》23866

（126）丙子卜：王？ 　　　　　　　　　　《合补》8316

（127）丁丑卜：王？ 　　　　　　　　　　《合补》8388

（128）己卯卜：王？ 　　　　　　　　　　《合集》23880

（129）庚辰卜：王？ 　　　　　　　　　　《合补》8369

（130）壬午卜：王？ 　　　　　　　　　　《京人》1498

（131）癸未卜：王？ 　　　　　　　　　　《京人》1498

(132) 甲申卜：王？　　　　　　　　　　　　《合集》23905

(133) 乙酉卜：王？　　　　　　　　　　　　《合补》8444

(134) 丙戌卜：王？　　　　　　　　　　　　《合补》8308

(135) 丁亥卜：王？　　　　　　　　　　　　《合补》8346

(136) 戊子卜：王？　　　　　　　　　　　　《拼续》588

(137) 庚寅卜：王？　　　　　　　　　　　　《合集》23944

(138) 辛卯卜：王？　　　　　　　　　　　　《合补》7092

(139) 癸巳卜：王？　　　　　　　　　　　　《合补》8302

(140) 乙［未卜］：王？　　　　　　　　　　《京人》1651

(141) 丙申卜：王？　　　　　　　　　　　　《京人》1651

(142) 壬寅卜：王？　　　　　　　　　　　　《合集》24018

(143) 乙巳卜王曰贞：余一人亡灾？　　　　　《上博》54788.10

(144) 乙巳卜王曰贞：余一人其有灾？　　　　《上博》54788.10

(145) 丙午卜：王？　　　　　　　　　　　　《上博》54788.10

(146) 己酉卜：王？　　　　　　　　　　　　《合补》8527

(147) 庚戌卜：王？　　　　　　　　　　　　《英藏》2015

(148) 甲［寅卜］：王？　　　　　　　　　　《怀特》1168

(149) 己未卜：王？　　　　　　　　　　　　《合补》8504＋①

(150) 庚申卜行贞：其又于妣庚？　　　　　　《合补》8504＋②

(151) 庚申卜行贞：王宾叔亡尤？　　　　　　《合补》8504＋③

(152) 乙丑卜：王？　　　　　　　　　　　　《合集》23821

(153) 庚午卜：王？　　　　　　　　　　　　《拼续》382

---

　　① 莫伯峰：《〈上海博物馆藏甲骨文字〉甲骨缀合五组》，《故宫博物院院刊》2012年第4期。

　　② 莫伯峰：《〈上海博物馆藏甲骨文字〉甲骨缀合五组》，《故宫博物院院刊》2012年第4期。

　　③ 莫伯峰：《〈上海博物馆藏甲骨文字〉甲骨缀合五组》，《故宫博物院院刊》2012年第4期。

(154) 辛未卜：王？ 　　　　　　　　　　　《拼四》903

(155) 丙子卜：王？ 　　　　　　　　　　　《合补》8343

(156) 丁丑［卜］：王？ 　　　　　　　　　《合补》8424

(157) 己卯卜：王？ 　　　　　　　　　　　《合集》23881

(158) 庚辰卜：王？ 　　　　　　　　　　　《合补》8436

(159) 壬午卜：王？ 　　　　　　　　　　　《瑞典》59

(160) 癸未卜：王？ 　　　　　　　　　　　《北大》1207

(161) 甲申卜：王？ 　　　　　　　　　　　《合集》23906

(162) …既…飙… 　　　　　　　　　　　　《合集》23906

(163) 乙酉卜：王？ 　　　　　　　　　　　《安明》1570

(164) 丙戌卜：［王］？ 　　　　　　　　　《合补》8479

(165) 丁亥［卜］：王？ 　　　　　　　　　《合补》8490

(166) 戊子卜：王？ 　　　　　　　　　　　《合补》8393

(167) 乙未［卜］：王？ 　　　　　　　　　《合补》7199

(168) 辛丑卜：王？ 　　　　　　　　　　　《京人》1500

(169) 乙巳卜：王？ 　　　　　　　　　　　《英藏》2014

(170) 己酉卜：王？ 在九月。 　　　　　　《合集》24059

(171) 己酉卜：王？ 　　　　　　　　　　　《合集》24059

(172) 庚［戌卜］：王？ 　　　　　　　　　《北大》1217

(173) ［辛］亥卜：［王］？ 　　　　　　　《北大》1217

(174) 辛酉卜：王？ 　　　　　　　　　　　《俄罗斯》93

(175) 壬戌卜：王？ 　　　　　　　　　　　《英藏》2018

(176) 癸亥卜：王？ 　　　　　　　　　　　《合补》8420

(177) 甲子卜：王？ 在十月。 　　　　　　《合集》23811

(178) 甲子卜：王？ 　　　　　　　　　　　《合集》23811

(179) 庚午卜：王？ 　　　　　　　　　　　《合集》23849

(180) 辛未卜：［王］？ 　　　　　　　　　《怀特》1156

（181）癸酉卜：王？　　　　　　　　　　　《合补》8411

（182）甲戌卜：王？　　　　　　　　　　　《合补》8565

（183）乙亥卜：王？　　　　　　　　　　　《合补》8565

（184）丙子卜：王？　　　　　　　　　　　《合补》8395

（185）丁丑卜：王？　　　　　　　　　　　《合补》8550

（186）戊寅卜：王？　　　　　　　　　　　《合集》23841

（187）己卯卜：王？　　　　　　　《合补》8310＋①

（188）乙酉卜：王？　　　　　　　　　　　《旅博》1382

（189）庚寅卜：王？　吉。　　　　　　　　《合补》7927

（190）辛卯卜：王？　　　　　　　　　　　《合补》7927

（191）甲午卜：王？　　　　　　　　　　　《合集》41046

（192）贞：翌［乙］未…其…　　　　　　　《合集》41046

（193）辛丑卜：王？　　　　　　　　　　　《合补》8425

（194）丁未卜：王？　　　　　　　　　　　《俄罗斯》86

（195）戊申卜：王？　在十一月。　　　　　《合集》24055

（196）戊申卜：王？　　　　　　　　　　　《合集》24055

（197）□□卜行［贞：王］宾…　　　　　　《合集》24055

（198）己未卜：王？　　　　　　　　　　　《合补》8532

（199）乙丑卜：王？　　　　　　　　　　　《合补》8340

（200）庚［午卜］：王？　　　　　　　　　《合补》8301

（201）［辛］未卜：［王］？　　　　　　　《合补》8301

（202）癸酉卜：王？　　　　　　　　　　　《合补》8446

（203）丙子卜：王？　　　　　　　　　　　《合补》8505

（204）己卯卜：王？　　　　　　　　　　　《合集》23875

---

　　① 林宏明：《甲骨新缀第 516—518 例》，中国社会科学院先秦史研究室网站
https://www.xianqin.org/blog/archives/4380.html，2014 年 9 月 26 日。

(205) 己卯卜：王？在十二月。　　　　　　《合集》23875

(206) 庚辰卜：王？　　　　　　　　　　　《北大》1210

　　　第三年

(1) 甲申[卜]：王？　　　　　　　　　　《京人》1482

(2) 丁亥卜：王？　　　　　　　　　　　《北大》1847

(3) 戊子卜：王？　　　　　　　　　　　《旅博》1384

(4) 庚寅卜：王？在一月。　　　　　　　《合集》23943

(5) 辛卯卜：王？　　　　　　　　　　　《东大》641

(6) 癸巳卜：王？　　　　　　　　　　　《拼三》750

(7) 甲午卜：王？　　　　　　　　　　　《合补》7218

(8) 乙未卜：王？　　　　　　　　　　　《旅博》1385

(9) 丙申卜：王？攸卜。　　　　　　　　《英藏》2011

(10) 丙申卜：王？　　　　　　　　　　《英藏》2011

(11) [丁]酉卜：[王]？　　　　　　　　《合补》8313

(12) 戊戌卜：王？　　　　　　　　　　《合集》23994

(13) 己亥卜：王？　　　　　　　　　　《合补》8469

(14) 庚子卜：王？　　　　　　　　　　《东大》1228

(15) 辛丑卜：王？　　　　　　　　　　《京人》1492

(16) 壬寅卜：王？　　　　　　　　　　《合集》24019

(17) 癸卯卜：王？　　　　　　　　　　《合集》24031

(18) 甲辰卜：王？　　　　　　　　　　《合补》8326

(19) 乙巳卜：王？　　　　　　　　　　《旅博》1387

(20) 丙[午卜]：王？　　　　　　　　　《京人》1507

(21) 丁未卜：王？　　　　　　　　　　《旅博》1388

(22) 己酉卜：王？　　　　　　　　　　《旅博》1390

(23) 庚[戌卜]：王？　　　　　　　　　《合补》8461

(24) 甲子卜：王？　　　　　　　　　　《合补》8404

（25）丙寅［卜］：王？　　　　　　　　　　　　《合补》8383

（26）庚午卜：王？　　　　　　　　　　　　　《合补》8371＋①

（27）癸酉［卜］：王？　　　　　　　　　　　　《京人》1652

（28）甲戌卜：王？　　　　　　　　　　　　　《俄罗斯》73

（29）乙亥卜：王？　　　　　　　　　　　　　《俄罗斯》74

（30）［庚］辰卜：王？　　　　　　　　　　　　《合补》8334

（31）癸未［卜］：［王］？　　　　　　　　　　　《合补》8496

（32）甲申卜：王？　　　　　　　　　　　　　《合集》23910

（33）乙酉卜：王？　　　　　　　　　　　　　《卡博》305

（34）丙［戌卜］：王？　　　　　　　　　　　　《合补》8367

（35）丁亥［卜］：王？　在三［月］。　　　　　　《英藏》2009

（36）丁亥卜：王？　　　　　　　　　　　　　《英藏》2009

（37）戊子卜：王？　　　　　　　　　　　　　《天理》410

（38）庚寅卜：王？　　　　　　　　　　　　　《续存》1638

（39）甲午卜：王？　　　　　　　　　　　　　《旅博》138

（40）丁酉卜：［王］？　　　　　　　　　　　　《旅博》1386

（41）戊戌卜：王？　　　　　　　　　　　　　《合集》23993

（42）己亥［卜］：王？　　　　　　　　　　　　《合补》8462

（43）庚子［卜］：王？　　　　　　　　　　　　《安明》1576

（44）壬［寅卜：王］？　　　　　　　　　　　　《合集》41052

（45）癸卯卜：王？　　　　　　　　　　　　　《合集》24034

（46）甲辰卜：王？　　　　　　　　　　　　　《合集》41052

（47）己酉卜：王？　　　　　　　　　　　　　《京人》1499

（48）庚戌卜：［王］？　　　　　　　　　　　　《拾遗》362

---

① 林宏明：《甲骨新缀第 432 例》，中国社会科学院先秦史研究室网站 https：//www.xianqin.org/blog/archives/3261.html，2013 年 9 月 16 日。

(49) 甲寅卜：王？在四月。 《合集》24071

(50) 甲寅卜：王？ 《合集》24071

(51) 庚申卜□贞：王··· 《合集》23889

(52) 壬戌卜：王？ 《北大》1220

(53) 癸亥卜：王？ 《安明》1566

(54) 丁卯卜：王？ 《合补》8473

(55) [辛]未卜：王？ 《旅博》1375

(56) 丁丑卜：王？ 《英藏》2004

(57) 己卯卜：王？ 《合补》8332

(58) 壬午卜：王？ 《合集》23889

(59) [丁亥]卜：王？ 《合补》8398

(60) 戊子卜：王？ 《辑佚》448

(61) 庚寅卜：王？ 《合补》8331

(62) 甲[午卜]：王？ 《合补》8458

(63) [乙]未卜：王？ 《合补》8458

(64) 己亥卜：王？ 《合补》8487

(65) [庚]子卜：王？ 《合补》8487

(66) 甲辰卜：王？ 《合补》8488

(67) [乙]巳卜：王？ 《合补》8488

(68) 己未卜：王？ 《俄罗斯》92

(69) 庚申卜：王？ 《英藏》2016

(70) 壬戌卜：王？ 《辑佚》414

(71) 癸亥卜：王？ 《上博》17647.422

(72) 甲子[卜]：王？ 《合补》8431

(73) 乙丑卜：王？ 《合补》8480

(74) □寅卜：王？在六月。 《合集》24113

(75) 庚午卜：王？ 《合集》23851

(76) 癸酉卜：王？ 《拾遗》354

(77) ［甲］戌卜：［王］？ 《英藏》2003

(78) 乙亥卜：王？ 《京人》1643

(79) 丙子卜：王？ 《合补》7211

(80) …不…去… 《合补》7211

(81) 丁丑［卜］：王？ 《瑞典》60

(82) 己卯卜：王？ 《东大》640

(83) 庚辰卜：王？ 《俄罗斯》77

(84) 辛卯卜：王？ 《合补》8429

(85) 癸巳卜：王？ 《合补》8380

(86) 甲午卜：王？ 《合补》8347

(87) 丙申卜：王？ 《北大》1206

(88) 戊戌卜：王？ 《合集》23995

(89) 癸卯卜：王？ 《合集》24033

(90) 甲辰卜：王？ 《合补》8352

(91) 己酉卜：［王］？ 《俄罗斯》136

(92) 庚申［卜］：王？ 《拾遗》363

(93) 癸亥［卜］：王？ 《旅博》1395

(94) 甲子卜：王？ 《天理》405

(95) ［乙］丑［卜］：王？ 《合补》8502

(96) 丙寅卜□贞… 《合补》8328

(97) 丁卯卜：王？ 《合补》8520

(98) 庚午卜：王？ 《合集》23852

(99) 丙子卜：王？ 《天理》408

(100) 丁丑［卜］：王？ 《北大》2804

(101) 己卯卜：王？ 《北大》1221

(102) 庚辰卜：王？ 《拼四》987

（103）辛［巳卜］：王？ 　　　　　　　　　　　《合补》8381

（104）甲申卜：王？ 　　　　　　　　　　　　《拼三》754

（105）丙戌［卜］：王？ 　　　　　　　　　　《俄罗斯》80

（106）［丁］亥卜：王？ 　　　　　　　　　　《俄罗斯》80

（107）戊子卜：王？ 　　　　　　　　　　　　《合补》8454

（108）癸巳卜：王？ 　　　　　　　　　　　　《合补》8321

（109）壬寅卜：王？ 　　　　　　　　　　　　《合集》24020

（110）癸卯卜：王？ 　　　　　　　　　　　　《合集》41051

（111）己未［卜］：王？ 　　　　　　　　　　《怀特》1191

（112）□申卜：王？ 在十月。 　　　　　　　　《合补》8408

（113）丙寅卜：王？ 　　　　　　　　　　　　《合补》8396

（114）癸未卜：王？ 　　　　　　　　　　　　《英藏》2006

（115）甲申卜：王？ 　　　　　　　　　　　　《合补》8304

（116）丁亥卜：王？ 　　　　　　　　　　　　《英藏》2010

（117）戊子卜：王？ 　　　　　　　　　　《上博》17645.24

（118）庚寅卜：王？ 　　　　　　　　　　　　《合补》8338

（119）辛［卯卜］：王？ 　　　　　　　　　　《合补》8447

（120）［癸］巳［卜］：王？ 　　　　　　　　《合补》8449

（121）甲午［卜］：［王］？ 　　　　　　　　《合补》8439

（122）乙［未卜］：王？ 　　　　　　　　　　《合补》8555

（123）丙申卜：王？ 　　　　　　　　　　《上博》17645.153

（124）戊戌卜：王？ 　　　　　　　　　　　　《合集》23996

（125）己亥［卜］：王？ 　　　　　　　　　　《合补》8548

（126）庚子卜：王？ 　　　　　　　　　　　　《北大》1212

（127）［辛］丑卜：王？ 　　　　　　　　　　《合集》41055

（128）壬寅卜：王？ 　　　　　　　　　　　　《合集》41050

（129）癸卯卜：王？ 　　　　　　　　　　　　《合补》8438

(130) □卯卜：王？　　　　　　　　　《合补》8439

(131) 甲辰［卜］：王？　　　　　　　《合补》8459

(132) 乙亥卜：王？ 在十二月。　　　　《天理》407

(133) 庚辰卜：王？　　　　　　　　　《俄罗斯》84

(134) 癸未卜：王？　　　　　　　　　《合补》8526

(135) 甲申卜：王？　　　　　　　　　《京人》1505

第四年

(1) 己卯卜：王？　　　　　　　　　　《缀汇》1034

(2) 癸未卜：王？　　　　　　　　　　《拾遗》356

(3) 甲申［卜］：王？　　　　　　　　《合补》8361

(4) 庚寅卜：王？　　　　　　　　　　《合补》8450

(5) 辛卯卜：王？　　　　　　　　　　《合补》8501

(6) 癸巳卜：王？　　　　　　　　　　《合补》8503

(7) 甲午卜：王？　　　　　　　　　　《安明》1569

(8) 戊戌卜：王？　　　　　　　　　　《合补》8349

(9) 己亥卜：王？　　　　　　　　　　《合补》8549

(10) 壬寅卜：王？ 在二月。　　　　　《合集》24023

(11) 壬寅卜：王？　　　　　　　　　　《合集》24023

(12) 癸卯卜：王？　　　　　　　　　　《合补》7886

(13) ［甲］辰卜：王？　　　　　　　　《合补》8486

(14) 庚戌卜：王？ 在三月。　　　　　《合集》24063

(15) 庚戌卜：王？　　　　　　　　　　《合集》24063

(16) 丙辰卜：王？　　　　　　　　　　《东洋》340

(17) 甲子卜：王？　　　　　　　　　　《合补》8539

(18) 乙丑卜：王？ 在师允卜。　　　　《合集》24253

(19) 丙□［卜］：［王］？　　　　　　《合补》8539

(20) 丙寅［卜］：王？　　　　　《上博》17645.199

（21）丁卯卜：王？　　　　　　　　　　　　　《拾遗》351

（22）庚午卜：王？　　　　　　　　　　　　　《合集》23853

（23）乙亥卜：王？　　　　　　　　　　　　　《旅博》1379

（24）丁丑［卜］：王？　　　　　　　　　　　《北大》2811

（25）辛卯［卜］：王？　　　　　　　　　　　《合补》8448

（26）癸巳卜：王？　　　　　　　　　　　　　《合补》8394

（27）［甲］午卜：王？　　　　　　　　　　　《旅博》1398

（28）乙［未卜］：［王］？　　　　　　　　　《旅博》1398

（29）戊戌［卜］：王？　　　　　　　　　　　《合集》23999

（30）己亥卜：王？　　　　　　　　　　　　　《京人》1487

（31）［庚］子卜：［王］？　　　　　　　　　《京人》1487

（32）［庚］子卜：［王］？　　　　　　　　　《怀特》1183

（33）辛［丑卜］：王？　　　　　　　　　　　《怀特》1183

（34）壬寅［卜］：王？　　　　　　　　　　　《怀特》1181

（35）癸卯卜：王？　　　　　　　　　　　　　《英藏》1949

（36）癸卯卜王曰贞：在多祖？　　　　　　　　《英藏》1949

（37）…往…更…　　　　　　　　　　　　　　《英藏》1949

（38）甲辰卜：王？　　　　　　　　　　　　　《合补》8546

（39）［丁］巳卜行贞：王宾裸亡祸？　　　　　《拼续》378

（40）甲子［卜］：王？　　　　　　　　　　　《京人》1493

（41）庚午卜：王？　　　　　　　　　　　　　《合补》8455

（42）甲戌卜：王？　在师渣卜。　　　　　　　《合补》8384

（43）甲戌卜：王？　在五月。　　　　　　　　《合补》8384

（44）甲戌卜：王？　　　　　　　　　　　　　《合补》8384

（45）甲戌卜王曰贞：雨？　　　　　　　　　　《合补》8384

（46）甲午卜：［王］？　　　　　　　　　　　《北大》1849

（47）［戊戌］卜：王？　　　　　　　　　　　《合补》8358

(48) 己亥［卜］：王？　　　　　　　　　　　　《安明》1575

(49) 壬寅［卜］：王？　　　　　　　　　　　　《安明》1572

(50) 癸卯卜：王？　　　　　　　　　　　　　　《合补》8456

(51) 戊午卜：王？ 在九［月］。　　　　　　　　《合集》24080

(52) 甲子［卜］：王？　　　　　　　　　　　　《合补》8556

(53) 丙寅卜：王？　　　　　　　　　　　　　　《俄罗斯》70

(54) 庚午卜：王？　　　　　　　　　　　　　　《合补》8348

(55) ［乙］亥卜：王？　　　　　　　　　　　　《合补》8399

(56) 丁丑卜：王？　　　　　　　　　　　　　　《俄罗斯》75

(57) 己卯卜：王？　　　　　　　　　　　　　　《合补》8382

(58) 癸未卜：王？　　　　　　　　　　　　　　《缀汇》879

(59) 癸未卜行贞：王其往田亡灾？ 在十月。　　《缀汇》879

(60) 丁亥卜：王？　　　　　　　　　　　　　　《旅博》1383

(61) 戊子卜：王？　　　　　　　　　　　　　　《合集》23932

(62) 庚寅卜：王？　　　　　　　　　　　　　　《京人》1488

(63) 辛卯卜：王？　　　　　　　　　　　　　　《合补》8571

(64) 癸巳卜：王？　　　　　　　　　　　　　　《合补》8407

(65) 甲午卜：王？　　　　　　　　　　　　　　《北大》1209

(66) 戊戌卜：王？　　　　　　　　　　　　　　《合补》8350

(67) 己亥卜：王？　　　　　　　　　　　　　　《京人》1501

(68) 壬寅卜：王？　　　　　　　　　　　　　　《合集》24022

(69) 甲辰卜：王？ 在师寮卜。　　　　　　　　《合集》24274

(70) 甲辰卜：王？　　　　　　　　　　　　　　《合集》24274

(71) 癸丑卜：王？ 在十一月。在师郑。　　　　《拼续》378

(72) 癸丑卜：王？　　　　　　　　　　　　　　《拼续》378

(73) 乙卯卜：王？ 在十一月。　　　　　　　　《合集》24648

(74) 癸未卜：王？ 在十二月。　　　　　　　　《缀汇》879

（75）丁亥卜：王？ 　　　　　　　　　　　　《拾遗》358

（76）□□卜行贞：王… 　　　　　　　　　　《拾遗》358

（77）庚寅卜：［王］？ 　　　　　　　　　　《京人》1511

（78）癸巳卜：王？ 　　　　　　　　　　　　《合补》8540

　　　第五年

（1）己未卜：王？在正月。 　　　　　　　　《合集》24087

（2）己未卜：王？ 　　　　　　　　　　　　《合集》24087

（3）辛卯［卜］：［王］？ 　　　　　　　　《合补》8575

（4）癸巳卜：［王］？ 　　　　　　　　　　《合补》8472

（5）辛丑卜：王？ 　　　　　　　　　　　　《辑佚》407

（6）［辛丑卜］：王？在四月。 　　　　　　《辑佚》407

（7）壬寅卜：王？ 　　　　　　　　　　　　《合集》24021

（8）癸卯卜：王？ 　　　　　　　　　　　　《合补》8374

（9）辛卯卜：王？在十月。 　　　　　　　　《合集》23952＋①

（10）辛卯卜：王？ 　　　　　　　　　　　《合集》23952＋②

（11）乙卯卜：王？在十一月。 　　　　　　《合补》8508

（12）□□卜行贞…岁… 　　　　　　　　　　《合补》8508

（13）丁丑卜：王？ 　　　　　　　　　　　《笏二》535

（14）戊寅卜：王？ 　　　　　　　　　　　《拾遗》355

（15）己卯卜：王？ 　　　　　　　　　　　《笏二》645

（16）□□卜：王？ 　　　　　　　　　　　《笏二》645

（17）甲申卜：王？ 　　　　　　　　　　　《合补》8452

（18）丁亥卜：王？在十二月。 　　　　　　《缀汇》881

---

① 蔡依静：《出组卜辞缀合一则》，中国社会科学院先秦史研究室网站 https：//www.xianqin.org/blog/archives/2625.html，2012 年 4 月 2 日。

② 蔡依静：《出组卜辞缀合一则》，中国社会科学院先秦史研究室网站 https：//www.xianqin.org/blog/archives/2625.html，2012 年 4 月 2 日。

(19) 丁亥卜：王？在师木。　　　　　　　　　《缀汇》881

(20) 丁亥卜：王？　　　　　　　　　　　　　《缀汇》881

(21) 庚寅卜：王？　　　　　　　　　　　　　《辑佚》408

(22) 辛卯卜：王？　　　　　　　　　　　　　《京人》1657

　　第六年

(1) 己亥卜：王？　　　　　　　　　　　《上博》17647.528

(2) 辛丑卜：王？在正月。在师□。　　　　　《合集》24012

(3) 辛丑卜：王？在正月。　　　　　　　　　《合集》24012

(4) 辛丑卜：王？　　　　　　　　　　　　　《合集》24012

(5) 壬寅卜：王？　　　　　　　　　　　　　《合集》24369

(6) 癸卯卜行贞：风日叀害？在正月。　　　　《合集》24369

(7) 贞：弜风？　　　　　　　　　　　　　　《合集》24369

(8) 贞：勿□？在洍。　　　　　　　　　　　《合集》24369

(9) 甲子卜：王？　　　　　　　　　　　　　《英藏》2001

(10) 庚午卜：王？　　　　　　　　　　　　《安明》1565

(11) □未卜：王？四月。　　　　　　　　　《合补》8305

(12) 己卯卜：王？　　　　　　　　　　　　《合补》8417

(13) 癸［未卜］：王？　　　　　　　　　　《合补》8468

(14) 甲申卜：王？　　　　　　　　　　　　《合补》8468

(15) 乙酉卜：王？在十月。　　　　　　　　《缀汇》524

(16) 丙戌卜：王？　　　　　　　　　　　　《缀汇》524

(17) ［庚］寅［卜］：王？　　　　　　　　《合补》8521

(18) 辛卯卜：王？　　　　　　　　　《上博》17647.367

(19) 癸巳［卜］：王？　　　　　　　　　《俄罗斯》79

(20) 甲［午卜］：王？　　　　　　　　　　《合补》8312

(21) 己亥［卜］：王？　　　　　　　　　　《拾遗》360

(22) 壬寅卜：王？　　　　　　　　　　　　《合补》8320

(23) 癸卯[卜]：王？ 　　　　　　　　《合补》7200

(24) 甲辰卜：王？ 　　　　　　　　　《合集》24039

(25) 戊午卜：王？ 在十一月。 　　　　《合集》24082

(26) 庚午卜：王？ 　　　　　　　　　《俄罗斯》72

(27) 己卯卜：王？ 　　　　　　　　　《合补》8536

(28) 癸未卜：王？ 　　　　　　　　　《合补》8500

(29) 甲申[卜]：王？ 　　　　　　　　《英藏》2008

(30) 癸[巳卜]：王？ 　　　　　　　　《合补》8440

(31) 甲午卜：王？ 　　　　　　　　　《北大》2805

(32) 戊戌卜：王？ 　　　　　　　　　《合补》8464

(33) 己亥[卜]：王？ 　　　　　　　　《上博》17645.330

(34) 壬寅卜：王？ 　　　　　　　　　《合集》41049

(35) 癸卯卜：王？ 　　　　　　　　　《契合》356

　　第七年

(1) 壬午卜：王？ 在正月。 　　　　　　《合集》23892＋①

(2) 癸未卜：王？ 　　　　　　　　　　《合集》23892＋②

(3) [庚]寅卜：王？ 　　　　　　　　　《合补》8547

(4) [辛]卯卜：王？ 　　　　　　　　　《北大》2809

(5) 癸巳卜：王？ 　　　　　　　　　　《上博》17647.516

(6) 甲午[卜]：王？ 　　　　　　　　　《俄罗斯》82

(7) 戊戌卜：王？ 　　　　　　　　　　《合补》8495

---

　① 林宏明：《甲骨新缀第 174—176 例》，中国社会科学院先秦史研究室网站 https://www. xianqin. org/images/174176_FF1D/clip_image006. jpg，2010 年 12 月 21 日。

　② 林宏明：《甲骨新缀第 174—176 例》，中国社会科学院先秦史研究室网站 https://www. xianqin. org/images/174176_FF1D/clip_image006. jpg，2010 年 12 月 21 日。

(8) 壬寅卜：王？ 　　　　　　　　　　　　　　　《合补》8568

(9) 戊申卜：王？ 在师□卜。 　　　　　　　　　《拼三》756

(10) [戊]申卜：[王]？ 在四月。 　　　　　　　《拼三》756

(11) 甲子卜：王？ 在十一月。 　　　　　　　　《合集》23810

(12) 戊辰卜：王？ 　　　　　　　　　　　　　　《合集》23842

(13) 庚午卜：王？ 　　　　　　　　　　　　　　《旅博》1373

(14) 己卯卜：[王]？ 　　　　　　　　　　　　　《京人》1479

(15) 癸未卜：王？ 　　　　　　　　　　　　　《上博》17647.416

(16) 甲申卜：王？ 　　　　　　　　　　　　　《上博》17647.383

(17) 戊子卜：王？ 　　　　　　　　　　　　　　《合集》23927

(18) [庚]寅卜：王？ 　　　　　　　　　　　　　《京人》1508

(19) [癸]巳[卜]：王？ 　　　　　　　　　　　　《合补》8465

(20) 甲午卜：王？ 在十二月。在襄卜。 　　　　《合集》24237

(21) 甲午卜：王？ 　　　　　　　　　　　　　　《合集》24237

　　第八年

(1) 甲午卜：王？ 　　　　　　　　　　　　　　《俄罗斯》83

(2) 己亥卜：王？ 　　　　　　　　　　　　　　《拾遗》361

(3) 壬寅卜：王？ 　　　　　　　　　　　　　　《合补》8376

(4) 己未卜：王？ 在正月。 　　　　　　　　　　《合集》24085

(5) 己未卜：王？ 　　　　　　　　　　　　　　《合集》24085

(6) 辛酉卜：王？ 在正月。 　　　　　　　　　　《辑佚》441

(7) 辛酉卜：王？ 　　　　　　　　　　　　　　《辑佚》441

(8) 壬戌卜：王？ 在正月。 　　　　　　　　　　《合集》24103

(9) 癸亥卜：王？ 在正月。 　　　　　　　　　　《合集》24109

(10) 癸亥卜：王？ 　　　　　　　　　　　　　　《合集》24109

(11) 己卯卜：王？ 　　　　　　　　　　　　　　《英藏》2005

(12) 癸未卜：王？ 　　　　　　　　　　　　　　《拾遗》357

（13）〔甲申〕卜：王？　　　　　　　　　　　　《辑佚》355

（14）癸巳卜：王？在师寮卜。　　　　　　　　《合集》24273

（15）〔甲〕午卜：〔王〕？　　　　　　　　　　《合补》8471

（16）乙未卜：王？在二月。　　　　　　　　　《合集》23971

（17）乙未卜：王？　　　　　　　　　　　　　《合集》23971

（18）己卯卜：王？　　　　　　　　　　　　　《掇二》103

（19）〔癸〕未卜：王？　　　　　　　　　　　《合补》8322

（20）甲申卜：王？　　　　　　　　　　　　　《辑佚》535

（21）癸巳卜：王？在师寮卜。　　　　　　　　《合集》24278

（22）丙申卜：王？在十月。　　　　　　　《合集》23976＋①

（23）丙申卜：王？　　　　　　　　　　　《合集》23976＋②

（24）壬寅卜：王？　　　　　　　　　　　　　《合补》8379

（25）丙午卜：王？　　　　　　　　　　　《合集》23976＋③

（26）丙寅卜：王？　　　　　　　　　　　　　《合集》23822

（27）丙寅〔卜：王？〕在十一月。　　　　　　《合集》23822

　　　第九年

（1）戊午卜：王？在正〔月〕。　　　　　　　　《合集》41058

（2）□□卜：王？　　　　　　　　　　　　　　《合集》41058

（3）庚申卜：王？在析卜。　　　　　　　　　　《合集》24359

（4）〔庚〕申卜：王？在正月。　　　　　　　　《合集》24359

（5）□□卜□贞：王宾…亡尤？在析。　　　　　《合集》24359

（6）戊戌卜：王？在二月。　　　　　　　　　　《合集》23987

---

① 陈逸文：《〈甲编〉缀合26例》，中国社会科学院先秦史研究室网站 http：
//www.xianqin.org/blog/archives/3803.html，2014年3月6日。

② 陈逸文：《〈甲编〉缀合26例》，中国社会科学院先秦史研究室网站 http：
//www.xianqin.org/blog/archives/3803.html，2014年3月6日。

③ 陈逸文：《〈甲编〉缀合26例》，中国社会科学院先秦史研究室网站 http：
//www.xianqin.org/blog/archives/3803.html，2014年3月6日。

(7) 辛丑卜：王? 在二月。　　　　　　《合集》24009

(8) 辛丑卜：王?　　　　　　　　　　《合集》24009

(9) 壬寅卜：王?　　　　　　　　　　《合补》8385

(10) 壬寅[卜]：王?　　　　　　　　《合补》8467

(11) 壬寅卜：王?　　　　　　　　　《俄罗斯》85

(12) 甲□[卜]：王?　　　　　　　　《怀特》1182

(13) □□卜：王?　　　　　　　　　《京人》1486

(14) 乙□[卜]□贞…　　　　　　　　《京人》1486

(15) 丙□卜：王?　　　　　　　　　《合补》8402

(16) 丁□[卜]：王?　　　　　　　　《合补》8484

(17) 己□卜：王?　　　　　　　　　《东洋》342

(18) 庚□[卜]：王?　　　　　　　　《怀特》1161

(19) 辛□[卜]：王?　　　　　　　　《合补》8315

(20) 壬□[卜]：王?　　　　　　　　《合补》8426

(21) 癸□[卜]：王?　　　　　　　　《合补》8355

(22) 甲□[卜]：王?　　　　　　　　《怀特》1184

(23) 乙□卜：王?　　　　　　　　　《旅博》1392

(24) 丙□[卜]：王?　　　　　　　　《拾遗》359

(25) 丁□[卜]：王?　　　　　　　　《合补》8492

(26) 庚□[卜]：王?　　　　　　　　《京人》1512

(27) 辛□[卜]：王?　　　　　　　　《北大》1219

(28) [壬]□[卜]：王?　　　　　　　《旅博》1403

(29) 癸□[卜]：王?　　　　　　　　《辑佚》354

(30) 甲□[卜]：王?　　　　　　　　《旅博》1397

(31) 丙□卜：王?　　　　　　　　　《合补》8323

(32) 庚□[卜]：王?　　　　　　　　《京人》1664

(33) 辛□[卜]：王?　　　　　　　　《旅博》1402

(34) 壬□[卜]：王？	《重博》128
(35) 癸□[卜]：王？	《合补》8356
(36) □子卜：王？	《北大》1213
(37) □卯卜：王？	《旅博》1405
(38) □辰卜：王？	《旅博》1406
(39) □巳卜：王？	《合补》8360
(40) □申卜：王？ 在十月。	《合补》8408
(41) □酉卜：王？	《京人》1658
(42) □戌卜：王？	《京人》1495
(43) □亥卜：王？	《合补》8306
(44) □子卜：王？	《契》759
(45) □寅卜：王？	《合集》41057
(46) □巳卜：王？	《东洋》336
(47) □申卜：王？	《旅博》1404
(48) □戌卜：王？	《京人》1662
(49) □亥卜：王？	《合补》8336
(50) □寅卜：王？	《合补》8410
(51) □巳卜：王？	《北大》1215
(52) □戌卜：王？	《东洋》337
(53) □亥卜：王？	《合补》8491
(54) □寅卜：王？	《怀特》1158
(55) □戌卜：王？	《怀特》1178
(56) □亥卜：王？	《旅博》1407
(57) 甲□[卜]：王？	《怀特》1194
(58) 丙□卜：王？	《东洋》341
(59) 丙□[卜]：王？	《拾遗》364
(60) 庚□[卜]：[王]？	《怀特》1195

(61) 庚□[卜]：王？　　　　　　　　　　　《英藏》2019

(62) [贞]：牝？　　　　　　　　　　　　　《英藏》2019

(63) □子卜：[王]？ 在师喜[卜]。　　　　《合集》24335

(64) □寅[卜]：王？　　　　　　　　　　　《怀特》1166

(65) □寅卜：王？　　　　　　　　　　　　《英藏》2021

(66) □寅卜：王？　　　　　　　　　　　　《北大》1218

(67) □□卜：王？ 吉。　　　　　　　　　　《合补》7928

(68) □□[卜]：王？　　　　　　　　　　　《京人》1491

(69) □□卜：王？　　　　　　　　　　　　《京人》1510

(70) □□卜：王？　　　　　　　　　　　　《怀特》1171

(71) □□卜：王？　　　　　　　　　　　　《英藏》2023

(72) 贞：弜…　　　　　　　　　　　　　　《英藏》2023

(73) □□卜：王？　　　　　　　　　　　　《北大》2835

(74) □□卜：王？　　　　　　　　　　　　《辑佚》391

(75) □□卜：王？　　　　　　　　　　　《张世放》236

(76) 贞：亡尤？　　　　　　　　　　　　《俄罗斯》94

(77) □□卜：王？　　　　　　　　　　　《俄罗斯》94

(78) □□卜：王？　　　　　　　　　　　《俄罗斯》95

(79) □□卜：王？　　　　　　　　　　　　《旅博》1378

(80) □□卜：王？　　　　　　　　　　　　《旅博》1401

(81) □□[卜]：王？　　　　　　　　　　　《旅博》1408

(82) □□卜：王？　　　　　　　　　　　　《旅博》1409

(83) □□卜：王？　　　　　　　　　　　　《旅博》1410

(84) □□卜：王？　　　　　　　　　　　　《旅博》1411

(85) □□卜：王？　　　　　　　　　　　　《旅博》1412

(86) □□卜：王？　　　　　　　　　　　　《重博》127

出组二 B 类的年代为祖甲后期①,通过对该类卜王辞月份及干支的考察,以正月"戊戌"为定点(不含闰月)进行推算,可将其排入九年之内。该类卜辞有以下两点值得注意,其一,主要集中在十月至正月,具有一定规律性,其中正月或一月 14 见、二月 4 见、三月 4 见、四月 6 见、五月 1 见、六月 3 见、七月 1 见、八月未见、九月 3 见、十月 7 见、十一月 7 见、十二月 6 见;其二,所见地点绝大多数为"师某",如"师劳""师羌""师曼""师橄""师渣""师迨""师敝""师喜""师允""师寮""师郑""师木"等,与一般田猎及出行等地名极少加"师"者不同。稽上,知商王之行当与军旅相关,且主要集中在冬季。《左传·隐公五年》记载:"故春蒐、夏苗、秋狝、冬狩,皆于农隙以讲事也。三年而治兵,入而振旅,归而饮至,以数军实。"事者,祀与戎也。与卜王辞同版者除与出行相关的卜风、卜雨辞外还有较多祭祀卜辞,又卜王辞多见地名"师某",此正合"事"之谓。

第三节 卜王辞所见商王祖甲
行迹考辨

通过与相关文献对比以及卜辞本身记载可知,商王将其所统治的区域称为"大邑商"或"中商",而这些地区即后世的"王畿"地区。关于商代"王畿"的范围,《战国策·魏策》记载吴起之言曰:"殷纣之国,左孟门,而右漳滏,前带河,后被山。"汉以后的典籍,对此又有更为明确详细之记载,《史记·孙子吴起列传》谓:"殷周之国,左孟门,右太行,常山在其北,大河经其南,修政不德,武王杀之。"《汉书·地理志》:"周既灭殷,分其畿内为三国,《诗风》邶、庸、卫国是也。"又郑玄《诗谱》曰:"邶、庸、卫者,商纣畿内方千里之地,

---

① 李学勤、彭裕商:《殷墟甲骨分期研究》第 139 页,上海古籍出版社,1996 年。

其封域在《禹贡》冀州太行之东，北逾衡漳，东及兖州桑土之野。"郑杰祥先生据此将商王畿的范围概括为东起河南濮阳市区、南至今黄河沿岸、西自太行山东、北达漳河流域①，其说可从。以理度之，王畿区地名及方位的称呼自有其系统，而王畿以外的地区则必须加以区别，地名由此而产生。基于以上思考，我们认为单独的"卜王辞"中未出现地名者可能是商王在"王畿"区内，记载地名者则商王在王畿以外地区。在这一前提下，将商王行迹概括为表5-1，以作分析。

从表5-1可知，商王祖甲巡行之地主要有师羑、师劳、师曼、获（即师获）、师㮦、师渣、丹、师迮、🝊、师皮、师喜、襄（即师襄）、🖋、山、泡、㲃、攸（即师攸）、师允、师寮、师郑、师木、析（即师析）等地，足迹遍布商代四土。然而以上地名大多不可考，但值得注意的是，《殷商卜辞地理论丛》②、《商代地理概论》③、《商代地理与方国》④等商代地理研究著作均未将其定在"王畿"范围内，有据可考的地名基本上分布在边邑及四土，而这恰与我们假定"卜王"辞中不记地名者应在王畿以内似可呼应。商代地理之研究十分复杂，笔者向无建树，现根据相关学者的研究，就"卜王辞"中有据可考的地名作一介绍，以观察商王祖甲巡行四方事迹之一斑。

师曼（按：从郭沫若释），郑杰祥先生认为乃春秋时期郑国鄤地，位于今荥阳县汜水镇附近，属于南土地名⑤。获，即师获，在古获水一带，位于河南兰考县东北堌阳集一带，属于东土地名⑥。丹，春秋时期宋国丹水一带，位于今河南省商丘县境内，属于东土地名⑦。

---

① 郑杰祥：《商代地理概论》第1—79页，中州古籍出版社，1994年。
② 钟柏生：《殷商卜辞地理论丛》，艺文印书馆，1989年。
③ 郑杰祥：《商代地理概论》，中州古籍出版社，1994年。
④ 孙亚冰、林欢：《商代地理与方国》，中国社会科学出版社，2010年。
⑤ 郑杰祥：《商代地理概论》第244页，中州古籍出版社，1994年。
⑥ 郑杰祥：《商代地理概论》第212页，中州古籍出版社，1994年。
⑦ 郑杰祥：《商代地理概论》第203页，中州古籍出版社，1994年。

表 5 - 1　出组二 B 类商王行迹表

月份、日期及商王行迹

年份＼月份	正月	二月	三月	四月	五月	六月	七月	八月	九月	十月	十一月	十二月	十三月
一年	戊戌，在师益。	乙丑（即师劳），在师劳。辛卯，在师曼。	乙卯，在师获（即师劳）获《合集》24346）。王午，在师劳。	庚午，在师虎。		戊子，在师簋。	己酉，在师造。	辛酉，在师皱。己卯，在师丹。			戊戌，在师襄，即师襄《合集》24235）。	庚午，在□山。	
二年	癸巳，在师劳。辛丑，在师泡。	甲子，在师纪。	戊子，在师簋。	乙丑，在师劳。	庚寅，在师劳。	戊午，在师□。							
三年	丙申，即师牧，即师牧《英藏》2011）。		乙丑，在师允。		甲戌，在师造。								
四年										甲辰，在师寮。	癸丑，在师郑。		

续　表

月份、日期及商王行迹

年份＼月份	正月	二月	三月	四月	五月	六月	七月	八月	九月	十月	十一月	十二月	十三月
五年													
六年	癸卯，在泡。											丁亥，在师木。	
七年				戊申，在师□。								甲午，即师襄《合集》24237。	
八年		癸巳，在师寨。								癸巳，在师寨。			
九年	庚申，在析，即析《合集》24359。										□子，在师音。		

师皴,地无考,孙亚冰、林欢二位学者归入西方和西南地名①,郑杰祥先生归入南土地名②。襄,即师襄,孙亚冰、林欢二位学者认为地在今河南范县,属于东方和东南地名③;郑杰祥先生认为即《水经注》里的"襄丘",位于今山东省东明县西一带,属于东土地名④。攸,即师攸,孙亚冰、林欢二位学者从陈梦家先生之"河南永城南部"说,位于今安徽宿州西北,属于东南地名⑤。师允,郑杰祥先生认为地在沇水流域,即今济水流域地名,属于商王田猎区⑥。师郑,郑杰祥先生认为乃春秋时郑国所在地,位于今河南省新郑县,属于南方地名⑦。

《尚书·无逸》将祖甲与殷中宗、高宗、周文王等并举,并且明确指出"兹四人,迪哲"。可见,在周公心目中,祖甲实乃与周文王齐名圣明君主。然而,长期以来,由于诸家对"祖甲"身份认识的差异,以至于对武丁之子"祖甲"的功过形成截然相反的看法,从以上祖甲晚期卜辞,商王不顾老迈巡行四域、寅敬祭祀等可知,祖甲绝非淫乱殷道的昏聩君王,而应是一位贤明之君,周公对其德行的描述,可与以"卜王辞""王出行""王西言"为代表的大量商王行迹相关卜辞互为参证。

小 结

"卜王辞"是出组二类一种十分特殊的占卜记录,由于辞例多

---

① 孙亚冰、林欢:《商代地理与方国》第83页,中国社会科学出版社,2010年。
② 郑杰祥:《商代地理概论》第254页,中州古籍出版社,1994年。
③ 孙亚冰、林欢:《商代地理与方国》第159页,中国社会科学出版社,2010年。
④ 郑杰祥:《商代地理概论》第200页,中州古籍出版社,1994年。
⑤ 孙亚冰、林欢:《商代地理与方国》第146页,中国社会科学出版社,2010年。
⑥ 郑杰祥:《商代地理概论》第92—93页,中州古籍出版社,1994年。
⑦ 郑杰祥:《商代地理概论》第260页,中州古籍出版社,1994年。

作"干支卜王"故名。对"卜王辞"性质、含义等方面的准确认识，离不开对其内容的全面考察，而且"卜王辞"由于其卜问的主体为商王，对于认识商代的军事、地理、祭祀等具有十分重要的意义。

首先，本章对目前所见"卜王辞"进行了全面的分类系联，以正月"戊戌"为定点，按照大月 30 天、小月 29 天进行推算，所有卜王辞的月份及干支序数落在九年之内，故本文暂将其排在九年之内，由于将异版同文卜辞视为单独的两条，故而所排定卜王辞的范围有可能比"九年"稍短，尽管我们不能肯定非同版的同文卜辞一定不同日，但可以肯定卜王辞绝非两三年之内所占卜之事。

其次，关于"卜王辞"的性质，由于辞例简约，故而争论颇大，省略说、卜选说等均不可靠，从大量"卜王辞"的辞例可知，其后尚有占卜习语"吉""兹用""兹不用"等，故而为完整卜辞。从其与较多的田猎卜辞、王步卜辞、王出行卜辞可以系联，而且其后缀加地名等可知，该类卜辞是针对商王行动的一种专门卜问，这类卜辞主要记载了商王在不同的年月巡行四方之事。

再次，通过对卜王辞的全面梳理发现，该类卜辞有两个方面值得注意，其一，占卜时间主要以十月、十一月、十二月、正月为主；其二，其后所缀加之地名多称"师某"，师某学者多认为属于商代的军事据点，从这些地名的分布来看，恰好分布在边裔四方地区，是商王祖甲于农隙巡视边境的真实反映。

最后，从与商王行迹紧密相关的"卜王辞""王西言"卜辞以及大量甲骨文记载可知，祖甲绝非典籍记载"淫乱殷道"使商代衰落的始作俑者，而应如周公所言应是与殷中宗、高宗及周文王比肩的贤明之君，弥补或纠正了史书记载之不足。

第六章 "小乻媪"卜辞所见殷商丧葬礼仪初窥

"小乻媪"有关卜辞共计二十余版,是研究商代丧葬仪式、商王庙号来源最为可靠之材料。下面将从排谱系联、小乻的丧礼及丧期、庙号与身份等方面展开论述。

第一节 "小乻媪"卜辞的排谱系联

出组一类中,多见一组与"小乻"相关的卜辞,这些卜辞从内容上来看,主要占卜"小乻"的死亡、丧葬、作日、祭祀等事,所见月份以"八月"为多,其次有"十月""十一月"等。为便于研究,本书暂将这组卜辞称为"小乻媪"卜辞。通过全面搜集和整理相关卜辞,在排谱系联的基础上,以钩沉复见隐匿于其中的重要史事。

"小乻媪"卜辞是研究商代丧葬制度,尤其是探讨商王庙号来源的重要材料。长期以来,学者对其多有阐发,兹简述如下。李学勤先生以本组卜辞为据,提出了商王庙号源于死后卜选而来之新说[①]。彭裕商师在赞同李先生"死后卜选说"的基础上,对这一组卜辞进行了初步的排列,并将其排入一年之内[②]。1976 年严一萍

---

① 李学勤:《评陈梦家殷虚卜辞综述》,《考古学报》1957 年第 3 期。

② 李学勤、彭裕商:《殷墟甲骨分期研究》第 131—132 页,上海古籍出版社,1996 年。

先生著《释小㚔》一文,据引本组有关卜辞,指出"㚔"为"后、亏"之合文,"小后亏"即孝己之妃①。90 年代,朱凤瀚先生在研究卜辞与商金文中的"后"时,对"小㚔媪"卜辞进行了梳理,支持严一萍"㚔"为"后、亏"合文的观点,并进行了更为详细的论证②。此外,郭旭东在其博士论文《卜辞与殷礼研究》中,据引本组卜辞对其所反映的丧葬礼仪、品立王后的婚姻制度等进行了研究,指出"小㚔"的身份为时王的王后,其族氏源于与商王室世代通婚之"龚"族③,或可备一说。

综上,学者对"小㚔媪"卜辞进行了初步梳理,对其所反映之史事进行了深入挖掘,为本章的研究奠定了良好基础。然而,纵观已有成果,对本组卜辞的全面整理与排谱系联仍然阙如,对相关字词的释读、相关史事的阐发仍有许多值得商榷之处。如"㚔"是否为"后、亏"合文,我们认为此说不确。首先,《京人》1855(图 6-1)有"司㚔",若为合文则必须读为"后后亏",显然不通;其次,《合补》7480(图 6-2)有"侑于龚㚔",而"㚔"从"以",《合集》24951(图 6-3)有"龚㚔",可知,"㚔"所从之"㘝"实乃"司"字,"司""以"均为"㚔"之声符。

排谱系联是深入挖掘甲骨文材料所含历史信息的重要指导方法,通过这种方法,可以将零散的卜辞联系成群组,并根据月份及干支序数确定先后顺序,借此复原当时所发生历史事件之面貌。本章搜集目前所刊布之"小㚔媪"卜辞共计二十余版,由于八月"癸未"与十一月"癸未"干支不能兼容,故而至少应为两年内所卜之事。现据月份及干支顺序,参照相关卜辞间的联系,试将本类卜辞排列如下。

---

① 严一萍:《释小㚔》,《甲骨古文字研究》第一辑第 191—196 页,台北艺文印书馆,1976 年。
② 朱凤瀚:《论卜辞与商金文中的"后"》,《古文字研究》第十九辑第 422—443 页,中华书局,1992 年。
③ 郭旭东:《卜辞与殷礼研究》,陕西师范大学博士学位论文,2010 年。

图 6-1 《京人》1855　　图 6-2 《合补》7480　　图 6-3 《合集》24951

第一年：

(1)[癸]未[卜]□[贞]：[旬]亡□? [己]丑小㝵[殟]。八月。

《合集》4962

(2)癸未卜祝贞：旬亡□? 七日㟜小㝵殟。　《合集》4963＋①

(3)□□卜大贞：[来]丁亥[酒]…　　　　　《合集》23586＋②

(4)[丁亥卜]□贞：其出来艰? 二日己[丑]小㝵殟。八月。

《合集》17098

(5)[丁亥卜]大贞：翌戊子其…　　　　　《合集》23586＋③

---

① 林宏明：《甲骨新缀第 484 例》，中国社会科学院先秦史研究室网站 https：
//www.xianqin.org/blog/archives/3886.html，2014 年 4 月 10 日。

② 蒋玉斌：《甲骨旧缀之新加缀》，中国社会科学院先秦史研究室网站 https：
//www.xianqin.org/blog/archives/4887.html，2014 年 12 月 24 日。

③ 蒋玉斌：《甲骨旧缀之新加缀》，中国社会科学院先秦史研究室网站 https：
//www.xianqin.org/blog/archives/4887.html，2014 年 12 月 24 日。

（6）庚□卜□贞：孳…弜…　　　　　　　　《合集》23710

（7）庚寅［卜］□贞：王…小弜…　　　　　　《合集》41025

（8）□□卜大贞：作孳小弜鼄…　　　　　　《合集》23586＋①

（9）［癸］巳卜出贞…孳…鼄不…见…　　　　《合集》23627

（10）［甲］午卜出贞：作孳小弜屮鼄示，见，弗大左？

　　　　　　　　　　　　　　　　　　　　《合集》23709

（11）丙申卜出贞：作小弜日叀癸？八月。　　《合集》23712

（12）丙申卜出贞：作小弜日叀癸？八月。　　《合集》23713

（13）丙申卜出贞：作小弜叀癸？八月。　　　《合集》23714

（14）丁酉卜祝贞：其品司在兹？　　　　　　《合集》23713

（15）丁酉卜祝贞：其品司在兹？　　　　　　《合集》23714

（16）丁酉卜祝贞：其品司在兹？八月。　　　《合集》23712

（17）贞：其品司于王出？　　　　　　　　　《合集》23712

（18）贞：其品司于王出？　　　　　　　　　《合集》23713

（19）贞：其品司于王出？　　　　　　　　　《合集》23714

（20）戊申卜…　　　　　　　　　　　　　　《合集》23712

（21）戊□卜…　　　　　　　　　　　　　　《合集》23714

（22）…贞…　　　　　　　　　　　　　　　《合集》23627

（23）□□卜出贞…亡其…　　　　　　　　　《合集》23710

（24）□□卜□贞…亡…　　　　　　　　　　《合集》4963＋②

（25）□□［卜］大…　　　　　　　　　　　《合集》23586＋③

---

① 蒋玉斌：《甲骨旧缀之新加缀》，中国社会科学院先秦史研究室网站 https：//www.xianqin.org/blog/archives/4887.html，2014 年 12 月 24 日。

② 林宏明：《甲骨新缀第 484 例》，中国社会科学院先秦史研究室网站 https：//www.xianqin.org/blog/archives/3886.html，2014 年 4 月 10 日。

③ 蒋玉斌：《甲骨旧缀之新加缀》，中国社会科学院先秦史研究室网站 https：//www.xianqin.org/blog/archives/4887.html，2014 年 12 月 24 日。

本组主要占卜"小彳"亡故后举行葬礼、卜选葬日之事。所见月份有"八月",干支序数可以融洽地排入一月之内,可知其应为较短时间内所发生之事。

第二年:

(26) ···岁受年? 二月。　　　　　　　　　　　　　　《合补》7042

(27) 甲申卜出贞:翌···子彳其屮于妣辛同岁其···

《合集》23717

(28) ···屮于妣辛同岁其至凡···　　　　《合集》10119＋①

(29) □□[卜]□[贞]···[其屮于]妣辛同岁至凡···

《合集》23396

(30) 己酉卜祝贞:□年于高祖? 四月。　　　《合集》23717

(31) □□□[卜]□贞:□年于高祖? 四月。　《合集》10119＋②

(32) 己巳卜大贞:翌辛未煮益醫?　　　　《合集》23717

(33) 贞:翌辛未煮···醫?　　　　　　　《合集》10119＋③

(34) 庚寅[卜]大贞:作丧小彳···　　　　　《拼五》1026

(35) 庚寅卜大贞:作丧小彳终? 八月。　　　《拼五》1025

(36) 辛卯卜大贞:作孽小彳亡梌?　　　　　《拼五》1025

(37) 辛卯[卜]大贞:作孽小彳亡梌?　　　　《拼五》1026

(38) 乙未卜大贞···宁···　　　　　　　　《拼四》840

(39) 丁酉卜大贞:小彳老隹丁由? 八月。　　《合集》23716

(40) 丁酉卜大贞:小彳老隹丁由?　　　　　《合集》23715

---

① 蒋玉斌:《〈甲骨文合集〉缀合拾遗(第五十五~五十六组)》,中国社会科学院先秦史研究室网站 https://www.xianqin.org/blog/archives/1962.html,2010 年 6 月 30 日。
② 蒋玉斌:《〈甲骨文合集〉缀合拾遗(第五十五~五十六组)》,中国社会科学院先秦史研究室网站 https://www.xianqin.org/blog/archives/1962.html,2010 年 6 月 30 日。
③ 蒋玉斌:《〈甲骨文合集〉缀合拾遗(第五十五~五十六组)》,中国社会科学院先秦史研究室网站 https://www.xianqin.org/blog/archives/1962.html,2010 年 6 月 30 日。

（41）［丁酉］卜祝贞：隹［夬］老界以由小彔殟？八月。

《拼四》840

（42）丁酉卜祝贞：隹夬老以小彔殟？八月。 《合集》23708

（43）丁酉卜［祝］贞…小彔老？八月。 《合集》23717

（44）丁未？ 《合集》23715

（45）己酉易日？ 《合集》23715

（46）贞：不其易日？ 《合集》23715

（47）辛卯卜大贞：洹引弗敦邑？十月①。 《合集》23717

（48）…贞：洹… 《合集》10119＋②

（49）…［辛］卯屮于母辛三宰，箙一牛、羌十… 《合补》7042

（50）…三妇宅新寝，⋀宅？十月。 《合集》24951

（51）…河珏，叀王自正？十月。 《合集》24951

（52）…乙巳屮于母辛宰又一牛？十月。 《合补》7042

（53）□□［卜大］贞：延姎辛岁？十月。 《合补》7042

（54）□□卜大贞：其屮于龚彔先酒翌… 《合补》7042

（55）贞：叀□取于入酒？ 《合集》23715

（56）…酒…二宰… 《怀特》164

（57）…［凡］母［辛］岁于［彔］宗，以 ✳ ？十月。《合集》24951

（58）□［巳卜］□贞…小彔…宗告…宰？ 《怀特》164

（59）［癸］丑屮于五毓至于龚彔？ 《合集》24951

（60）癸丑卜大贞：子屮于彔羌五？ 《合集》22559

（61）壬午卜大贞：翌癸未屮于小彔三宰、箙一牛？

《合集》23719

---

① 本版卜辞诸家多释为"七月"，然"七"字横笔并未穿透竖画，整体颇类"卜"字，经友人（邓国军先生）提醒并参照相关字形以及同版卜辞文例（若将其释为"十"，则该版上正好是四、八、十月，均为双月），我们认为当释为"十"字而非七字，短横划当为衍笔。

② 蒋玉斌：《〈甲骨文合集〉缀合拾遗（第五十五～五十六组）》，中国社会科学院先秦史研究室网站 https://www.xianqin.org/blog/archives/1962.html，2010 年 6 月 30 日。

（62）癸未卜大贞：㺇岁…　　　　　　　　《合集》23718

（63）贞：屮于㺇宰？　　　　　　　　　　《合集》11351

（64）…㺇…　　　　　　　　　　　　　　《合集》23719

（65）癸未［卜］大贞：来丁亥［燫丁卅羌］、卯十牢？

　　　　　　　　　　　　　　　　　　　《拼五》1026

（66）［癸］未卜祝贞：［卅羌更宜］燕用？十一月。

　　　　　　　　　　　　　　　　　　　《拼五》1026

（67）癸未卜祝贞：卅羌更宜燕用？　　　　《拼五》1025

（68）癸未卜大贞：来丁亥燫丁卅羌、卯十牢？十一月。

　　　　　　　　　　　　　　　　　　　《拼五》1025

（69）…不…丁…　　　　　　　　　　　　《合集》23715

（70）□巳？　　　　　　　　　　　　　　《合集》23717

（71）壬…　　　　　　　　　　　　　　　《合集》23708

（72）…木…　　　　　　　　　　　　　　《合集》23718

　　本组主要占卜为"小㺇"服丧及宗庙祭祀之事，与前一组内容上具有十分紧密的联系。所见月份有二月、四月、八月、十月、十一月等，据月份及干支顺序可排入一年之内。

　　由卜辞观之，小㺇乃殷商时期一位地位十分尊崇之人物，进而有学者考证其为商王之王后，可见一斑。尽管他们的依据还有待商榷，但结论极其正确。接下来，我们将以上述排谱系联的卜辞为依据，对小㺇的丧礼、丧期、庙号、身份等作一番探讨。

第二节　"小㺇"的丧礼及丧期

　　《荀子·礼论》云："丧礼者，以生者饰死者也，大象其生以送其死也。故如死如生，如亡如存，终始一也。"从卜辞的记载可知，殷人对故去先祖祭祀之隆重、殷勤无以复加,故《礼记·表记》云:"殷人尊神,率民以事神,先鬼而后礼。"

　　小刁殟组卜辞是研究商代丧葬礼仪制度的重要材料,通过以上排谱系联可知,"小刁"亡故于祖庚某年八月己丑日,见上揭(1)(2)(4)辞,李学勤先生据(1)辞将"小刁"亡故之日定为"己丑"日,可信。另外,以上诸辞中之"殟"字本作"囧"形,张政烺先生释为"葬",意为"下葬";后来有学者改释为"朋"即"殟",指死亡、去世之意。结合本条卜辞的上下文意及"囧"在其他卜辞中的用法,当以释"殟"为佳,在卜辞中作"死亡"之义。

　　小刁于"己丑"日亡故,于庚寅日开始举行丧礼和服丧。"孼"乃权宜隶定,本从亏从月作"囧"。"作孼"具体含义不明,推测应为丧礼中之某种仪节,从与《周礼》《仪礼》《礼记》等相关礼书的对比来看,可能相当于"朝庙奠"之礼,卜辞有征。《合集》23709原著录于《安明》1297,因所据拓本不精,以至于诸家释文均有误,最近刘影女士重新公布了此版之照片和摹本(图6-4),得以窥见该版卜辞之完整面貌①。本文在参考诸家释文的基础上,试隶写本版卜辞释文如下:

图6-4　《安明》1297

　　　　[甲]午卜出贞:作孼小刁屮朙(彻)示,见,[弗]大左?

　　　　　　　　　　　　　　　　　　　　　　　　　《合集》23709

　　据本版与其他各版卜辞间的联系,暂将所缺干支补为"甲"。

---

　　① 刘影:《安大略博物馆藏甲骨实物之于甲骨文献材料的再整理》,《古文字研究》第三十三辑,中华书局,2020年。

"出彻示",示,指神主,甲骨文"大示""小示""元示"等之"示"皆为神主,而"宗"为藏神主之所,故本版之"示"宜解作"神祇""神主",此处当指商之先公先王。"彻"典籍可通作"撤",如《仪礼·有司彻》陆德明《释文》作"有司撤";《晏子春秋》卷下"彻罇"孙星衍音义作"彻",《后汉书》注作"撤",俗字。《文选》注作"彻去之"。可知,此处之"彻"当为"撤去"之意。"出彻示"指在举行"朝庙奠"后撤去神主。"见",卜辞中多用作"献",指贡献、进献之意,此例甚多,兹不赘举。本版与《合集》23712、23713、23714 诸版也有紧密联系,均指"大遣奠"礼仪中之"陈设祭品"之祀。

古礼于殡葬之前要举行"朝庙奠"。《礼记·檀弓下》云:"丧之朝也,顺死者之孝心也。其哀离其室也,故至祖考之庙而后行。殷朝而殡于祖,周朝而遂葬。"郑注曰:"朝,谓迁柩于庙。"又"朝庙"之礼不仅要朝"祖考"之庙,而且还要朝"远祖"之庙。《仪礼·既夕礼》云:"其二庙,则馔于祢庙,如小敛奠,乃启。朝于祢庙……柩从,序从如初,适祖。"郑注:"此谓朝祢明日举奠适祖之序也。"贾公彦疏:"启日朝祢,又明日朝祖,又明日乃葬。""朝庙"之祭必有"神主","朝庙礼"毕必撤去神主,故卜辞云"出彻示"。《合集》23709 版于"作掣"后言彻示之事,故而于此前所举行的"作掣"之礼可能与礼书所载"作匶"相当。《周礼·春官·宗伯第三》:"大丧,帅瞽而廞,作匶,谥。"王引之《经义述闻》卷九云:"作匶,盖谓将载时也。作,起也,动也。匶朝于庙,升自西阶,及将祖,则举匶却下而载于车,故谓之作匶也。"

"朝庙奠"之礼从庚寅日前后持续至甲午日,历时较久,或可包含"祖奠"之礼在内。"朝庙奠"和"祖奠"后丧事已近末端,此后要为死者准备大量的殉葬物品和隆重的出殡,即礼书之"大遣奠",此亦可征之于卜辞。前文已指出,《合集》23709 于"出彻示"之后举行"献"祭,又《合集》23712、23713、23714 诸版,皆于"丁酉"日占卜"品司在兹"或"品司于王出",此皆当遣奠之时陈设祭品之祀。《仪礼·既夕礼》云:

厥明，陈鼎五于门外，如初。其实：羊左胖，髀不升，肠
五，胃五，离肺；豕亦如之，豚解，无肠胃；鱼、腊、鲜兽，皆如初。
东方之馔：四豆，脾析，蜱醢，葵菹，蠃醢。四笾，枣，糗，栗，
脯。醴，酒。陈器。

　　贾公彦疏："论葬日之明陈大遣奠于庙门外之事。"《周礼·春
官·大史》："遣之日，读诔，凡丧事可考焉。"孙诒让正义曰："凡将
葬，柩朝庙后，有朝庙奠、祖奠及大遣奠，皆设于祖庙之庭。"
　　品，在甲骨文中多用作祭名，关于其具体含义，徐中舒先生
等指出："甲骨文所从之凵形偏旁表多种意义，品字所从之凵，乃
表示器皿，从三凵者，象以多种祭物实于皿中以献神，故有繁庶
众多之意。"①此说可从。"司"即祠，用作祭祀之意。《书·伊训》
"伊尹祠于先王"，陆德明释文曰"祠，祭也"，蔡沈集传曰"祠者，告
祭于庙也"。《公羊传·庄公八年》"出曰祠兵"，陆德明释文"祠，祭
也"。《战国策·齐策二》"楚有祠者"，高诱注"祠，祭也"。在卜辞
中"司"多用作祭祀之义，如《合集》36855"癸未卜，在上🔲，贞王旬
亡祸？王曰司"，又《合集》30730"其🔲司母叀…""…司母大室"
等。综上，"品司"即指用多种祭物盛于器皿之中对先祖进行祭祀，
与《既夕礼》所载礼仪相合。"品司"之祭还见于师组卜辞（《合集》
20276）。"在兹"当指商王之寝宫或宗庙一类的祭祀场所，"王出"
指寝宫或宗庙以外的其他地方，从《合集》17098"其有来艰"来看，
小匀亡故之时可能并非居于商都，故而才有"来艰"之事，此当为
"王出"之原因。从己丑亡故，至丙申日占卜安葬之日，再至丁酉
日举行下葬前最后的盛大祭祀，乃至八月丁酉以后的"癸某"日
安葬，小匀丧葬之事至此已基本完就，然而丧礼却并未就此

――――――――――
　　① 徐中舒主编：《甲骨文字典》第197页，四川辞书出版社，1989年。

终结。

古之礼书记载,为父母居丧,其期有三年、一年之别。《礼记·丧服四制》云:"父母之丧,衰冠绳缨菅屦,三日而食粥,三月而沐,期十三月而练冠,三年而祥。"但为父母之丧,并非皆有三年,如父亲健在而母亲亡故,则为母服丧期年而已。

《合集》4962、4963 两版为同文卜辞[①](图6-5、6),通过这两版卜辞可以确定"小艿"之亡故在八月"己丑"日。从《合集》23710、41025 两版来看,为"小艿"服丧之期应在八月"庚寅"日前后。近年来,随着甲骨缀合工作的迅速开展,使得更多残缺的卜辞被缀合在一起,这大大增加了研究的可靠性。在以上的系联中,《拼五》1025、1026(图6-7、8)两例便是经过缀合的两版同文卜辞,从这两版卜辞的内容来看,亦与"小艿"之丧事有关,然而此两版"癸未"为十一月、同版又有八月庚寅占卜"作丧小艿终"之辞,而《合集》4962、4963 两版"癸未"亦为八月,因此不应为同一年所卜之事。而且,从《拼五》1025、1026 内容来看,卜问"作丧小艿终",应该是卜问为小艿居丧之事。《孟子·告子下》云:"是君臣父子兄弟终去仁义怀利以相接。"焦循正义曰:"终,尽也。"《吕氏春秋·音律》:"数将几终。"高

图 6-5
《合集》4962

图 6-6
《合集》4963＋
《合集》26804＋
《北图》786

----

① 4963 由林宏明缀合,详见林宏明:《甲骨新缀第 484 例》,中国社会科学院先秦史研究室网站 https://www.xianqin.org/blog/archives/3886.html,2014 年 4 月 10 日。

诱注："终，尽也。"《释名·释丧制》："终，尽也。"因此，"作丧小匄终"指为小匄服丧的期限已满，是否要终止服丧。从排谱系联的结果来看，"小匄"之丧期至少持续了一年之久，然而以上两组卜辞既可以排在两年之内，也可以排在三年、四年之内，因此不能排除为"小匄"服丧三年的可能。另外，从我们对出组一类卜辞年代的研究可知，其中已有"丁"或"父丁"，即武丁，因此，"小匄"当晚于武丁亡故。

图 6 - 7　《拼五》1025　　　　图 6 - 8　《拼五》1026

综上所述,从排谱系联及对相关卜辞的研究可知,首先,小辛于祖庚某年八月己丑日亡故后,对其举行了较为隆重的葬礼,从相关卜辞记载来看,这些礼仪与礼书所载之"朝庙奠""作匶""大遣奠"等近似,而且值得注意的是,在举行丧礼、祭祀、服丧等过程中商王都亲自参与其中。其次,从相关卜辞的记载可知,"小辛"的丧期至少持续了一年之久,足见其地位之尊崇。

第三节 "小辛"的庙号及身份

前文已经指出,小辛亡故后的第五日至第八日举行了隆重的"遣奠"之礼,然于"遣奠"之前要卜选下葬之吉日。《仪礼·士丧礼》对此有十分详细的记载,据引如下。

> 卜日,既朝哭,皆复外位。卜人先奠龟于西塾上,南首,有席。楚焞置于燋,在龟东。族长涖卜,及宗人吉服立于门西,东面南上。占者三人在其南,北上。卜人及执燋、席者在塾西。阖东扉,主妇立于其内。席于阒西阈外。宗人告事具。主人北面,免绖,左拥之。涖卜即位于门东,西面。卜人抱龟燋,先奠龟,西首,燋在北。宗人受卜人龟,示高。涖卜受视,反之。宗人还,少退,受命。命曰:"哀子某,来日某,卜葬其父某甫。考降,无有近悔?"许诺,不述命;还即席,西面坐;命龟,兴;授卜人龟,负东扉。卜人坐,作龟,兴。宗人受龟,示涖卜。涖卜受视,反之。宗人退,东面。乃旅占,卒,不释龟,告于涖卜与主人:"占曰某日从。"授卜人龟。告于主妇,主妇哭。告于异爵者。使人告于众宾。卜人彻龟。宗人告事毕。

《合集》23712、23713、23714皆于"丙申"日占卜"作小辛日叀癸",从甲骨文的相关记载来看,商人已有吉凶宜忌的观念,因此,以上诸条卜辞当为卜选吉日之事无疑。但孰为葬之吉日、死之吉日抑或祭之吉日,则有待探讨。然而,从以下几点来看,我们认为当为卜选"葬之吉日"。首先,可以肯定,小刁亡故于八月"己丑"日,但在目前所见对其祭祀的卜辞中,均未见在"己"日者,故"死日"说可排除在外。其次,若"癸"为祭日,虽能与祭祀小刁的卜辞大多在"癸"日相合,但上举《合集》23712、23713、23714 等皆记载于"丁酉"日进行"品司"之祭,而不在"癸"日①,此与"丙申"日所选定的"祭日"有出入。若丙申日卜选之"癸"为葬日,则以上各卜辞的先后顺序契合无间。另外,从目前所见对小刁进行祭祀的卜辞之干支来看,其多于"癸某"日进行。因此,我们推测安葬之吉日即成为后世子孙对其举行祭祀活动的固定日期,这其中暗含了古人对故去先祖的一种怀念与不舍。综上,小刁的庙号为"癸"则值得肯定,至于庙号的来源可能与死后所选定的下葬吉日有关。纵观古今丧葬之大要,莫过于"入土为安",安葬以后丧葬之事才算圆满完成,因此,确定殡葬之日为后世子孙对其祭祀的日期与古人的丧葬思想亦吻合。需要指出的是,由于目前所见材料有限,以上"葬日说"只是笔者更加倾向的一种观点,至于李学勤先生提出的"祭日说"仍有其合理性。

小刁是仅见于出组一类的一位十分重要的人物,从甲骨文所反映的情况来看,很有可能为武丁的王后妣癸,其理由如下。第一,遍查所有甲骨卜辞,凡有宗庙者除自然神祇河、岳、夒外,皆为一代商王或王后,《合集》24951 记载于"刁宗"(小刁之宗庙)对母辛进行祭祀,可见"小刁"亡故后商王为其修筑了宗庙。殷卜辞有"唐宗"(《合集》1339)、"丁宗"(《合集》13534)、"妣庚宗"(《合集》

① 丁酉日之祭祀卜辞是否即为对小刁的祭祀尚难以肯定,因为辞例中并无"刁""龚刁""小刁"一类的词。然而,从同版卜辞的联系及内容来看,我们认为当与祭祀小刁有关。

23372)、"母辛宗"(《合集》23448、23520)、"祖丁宗"(《合集》30300、30301)、"父己宗"(《合集》30302)、"祖乙宗"(《合集》32360、33108、34050)、"父丁宗"(《合集》32700)、"大乙宗"(《合集》32868)、"康祖丁宗"(《合集》35395)、"武乙宗"(《合集》35931)等皆为商王或王后之宗庙,足见小匄地位之高。第二,从排谱系联的结果来看,小匄从亡故至居丧终了所用之时间竟长达一年之久,足见其与商王关系之亲密。第三,由"小匄殟"组卜辞可知,商王不仅亲自参与了小匄的丧礼,而且还在此后对其进行隆重的祭祀,由此亦可见其与时王关系之密切。第四,《合集》23715、23716、23708诸辞记载对"小匄"进行"老"祭[1]是否要"丁"来作宾配,出组卜辞中的"丁"即为"父丁(武丁)",上揭诸版卜辞之意则为,第二年八月丁酉日占卜小匄的宗庙初步落成对其进行祭祀是否要以父丁为宾配。由此,亦可佐证"小匄"当为"武丁"之配偶,为时王之母辈,并非"孝己"之妃,亦非时王之王后。

综上所述,首先,就小匄的庙号而言,其为"癸",是在小匄亡故之后通过占卜而来,从最初的目的来讲,应与葬日有关,后人对她祭祀亦以葬日为据。其次,从相关卜辞记载可知,小匄地位十分尊崇,且有独立的宗庙,故而我们认为她很有可能为武丁之王后妣癸,亦即出组二类之"母癸"(《辑佚》301、《英藏》1973、《合集》23461、《拼五》1040、《合集》24136、《史购》207)。

小　　结

排谱系联是在精确分类与断代的基础上,对甲骨文进行系统

---

① 此处之"考"指宫庙初成之祭。《春秋·隐公五年》"考仲子之宫"孔颖达疏引服虔云"宫庙初成祭之名为考",可从。

连缀、整合的主要方法。近年来，出于工作需要，笔者曾对何组、出组卜辞进行了较为全面的分类系联，在此过程中，发现了一些较为重要的材料，对研究商代的礼仪制度、宗法制度、人物世系等具有重要的参考价值，"小亐殟"卜辞就是其中之一。

本章首先收集目前已刊布的有关"小亐殟"之卜辞约二十版（缀合后按一版计），从字体、称谓等方面可以肯定，均属出组一类。在年代可定的基础上，根据月份及干支顺序对这二十余版卜辞进行了排谱，由于八月、十一月之干支不能兼容，故而我们暂将其分属两年之内进行排列。

从内容上来讲，"小亐殟"卜辞主要围绕小亐的丧事展开。依据以上排谱系联的结果，我们对这组卜辞所反映的丧葬礼仪及小亐的庙号、身份地位等进行了较为详细的研究。具体结论大致可以归为以下几点。

其一，就其所反映的丧葬礼仪而言，"作礜"可能与周礼中之"作匶"之礼相关；"屮彻示"可能与周礼中之"朝庙奠"相关；"见（献）""品司"可能与周礼中"大遣奠"之陈设祭品及明器之礼相关。

其二，从排谱系联的结果可知，殷商之时可能已有服丧之制，就卜辞所反映的实际情况而言，商王为小亐服丧的期限至少达一年之久。

其三，就小亐的庙号而言，其为"癸"，是在其亡故后通过占卜而来，而这个占卜得来的"癸"日最初为下葬之日期，而后人对其祭祀的吉日亦定为"癸"日。

其四，就小亐的身份及地位而言，小亐地位十分尊崇，不仅商王亲自参与她的丧礼、对其进行祭祀，且有独立的宗庙。因此，我们认为她可能为武丁之王后妣癸，即出组二类之"母癸"。从相关甲骨文记载推测，小亐应主要生活于武丁中晚期，亡故于祖庚时期。

第七章　从出组卜辞看祖甲改制及相关问题

祖甲作为有商一代之君王，史家对其褒贬不一。有研究者基于旧有材料"重作汤刑"(《竹书纪年·殷纪》)，进而提出"祖甲改制"之说，并征引相关甲骨文以证其说。今重新辨析此概念，并全面综理祖甲时期之甲骨文及传世文献，改制或改革一说难以成立。祖甲所为，或遵修旧典，或创立新制，将其归为"改革"或"改制"并不恰当，一方面，汤刑本已有之，且其明言"重作"，实为遵照祖制而已；另一方面，周祭制度在祖甲之前并未出现，何来"改"一说呢？

第一节　问题的提出

20世纪40年代，董作宾先生据《竹书纪年》等之记载，首次提出了"祖甲改制"说①，引起了学界的广泛关注，此后严一萍先生在《殷商史记》②一书中对郭说做了进一步阐发，至今仍有从其说者。近年来，有学者从殷代历法的角度对此问题又进行了补充，认为祖甲历法改革的两大举措，一是废除"十三月"年终置闰的闰法及改"一月"为"正月"，时间顺序上，改闰法在前，改月名在后③。

---

① 董作宾：《殷历谱》(上编)第14—16页，"中研院"史语所专刊，1992年。
② 严一萍：《殷商史记》，艺文印书馆，1989年。
③ 莫伯峰：《殷商祖甲时代历法改革的时机》，《中国史研究》2017年第2期。

　　董作宾先生认为祖甲改制的表现主要集中在"祀典、历法、文字、卜事"四个方面,关于"文字"方面的改革,即使认同祖甲改制说的学者对此也提出质疑,正如其指出的"文字变革是由于甲骨刻手更换的缘故导致的,可能与祖甲改革的关系不大"①,此外,除刻手的更换这一原因之外,文字自身的发展演变亦是其中不可忽视的重要因素。首先,就祀典而言,主要是指周祭制度,由甲骨卜辞可知,系统的周祭制度出现在出组二类,大量盛行于黄组卜辞,在出组二类以后的何组、无名组卜辞中尚未见到系统的周祭卜辞,但此时应该是沿袭了前期的周祭制度,由于其已成制度可自行运转,故而无须进行更多的占卜,因此在何组、无名组卜辞中仅有少量周祭卜辞。值得注意的是,在大量师组、宾组卜辞中并未发现周祭卜辞,而在出组二类卜辞中则出现了具有"五种祀典"之名的系统的周祭卜辞,且先妣先王的顺序、周祭卜辞的类型等与黄组完全一致,只是尚有一些未发展成熟的地方,如在周祭卜辞中附有祭祀牺牲和物品,周祭之前夕往往卜问第二天之正祭是否顺利,如"乡夕亡祸""翌夕亡祸",未出现"祭工典"等,而这些恰好说明,周祭的创立就应该在祖甲时期,而且在周祭制度产生后其他的祭祀一应如师组、宾组,并未就此消失。因此,周祭制度当视为祖甲的创制而非改制,祖甲之前尚无周祭制度,何来"改"之说呢? 且并不是在周祭制度形成后其他祭祀就不复存在,事实却是一应如前。其次,就卜事而言,同样是贞人为主体占卜集团,商王仅仅只是就某一些事情进行占卜,此种情况与宾组近同,故而若从制度的沿革损益角度讲,也不存在改制之说,反而何组、无名组卜辞极少发现商王亲自占卜的例子,大不同于此前。最后,关于历法改革,正如出组卜辞所见,正月、一月的称呼并见,历组、何组、无名组卜辞未见正月而

---

　　① 莫伯峰:《殷商祖甲时代历法改革的时机》,《中国史研究》2017 年第 2 期。

有一月,将一月称呼为"正月"极有可能只是偶然产生的,能否将其上升为历法改革的高度值得商榷;关于十三月和年中置闰,常玉芝先生对此提出质疑①,笔者不再赘述,不独商代晚期尚能见到十三月,西周铜器铭文中不仅有十三月,而且还有十四月,在更晚的张家山汉简中有"后九月",仍然是归余于终的"年终置闰"法,可见这一制度盛行之久。

另外,就"改革""改制"等概念而言,不论古今,都指的是在原有事物的基础上所进行的扬弃和损益,如果是一种全新的,此前并未出现的新事物、新制度则不能称其为"改",而应该是创新、创立,两者不能等同。

综上可见,通过对相关概念的辨析,并结合大量甲骨文之记载可知,所谓"祖甲改制"这一命题似乎难以成立,从出土文献、传世文献之记载等来看,其真实性也值得怀疑,因为在这些文献中并没有明确记载祖甲改制这一重大历史事件。

第二节　祖甲改制的真实性质疑

首先,传世文献,有关祖甲的记载主要见于《书·无逸》《国语》《史记·殷本纪》《竹书纪年》等。《书·无逸》记载:

> 周公曰:昔在殷王中宗,严恭寅畏天命……其在高宗,时旧劳于外,爰暨小人……其在祖甲,弗义惟王,旧为小人。作其即位,爰知小人之依,能保惠于庶民,弗敢侮鳏寡。肆祖甲之享国,三十有三年。自时厥后立王,生则逸。生则逸,弗知稼穑之艰难,弗闻小人之劳,惟耽乐之从。自时厥后,亦罔或

---

① 常玉芝:《殷商历法研究》第306页,吉林文史出版社,1998年。

克寿。或十年，或七八年，或五六年，或四三年。

又对其评价曰：

> 自殷王中宗，及高宗，及祖甲，及我周文王，兹四人，迪哲。

《国语·周语》记载：

> 昔孔甲乱夏，四世而陨；玄王勤商，十有四世而兴；帝甲乱
> 之，七世而陨；后稷勤周，十有五世而兴。幽王乱之，十有四世
> 矣，守府之谓多，胡可兴也？

《史记·殷本纪》曰：

> 帝祖庚崩，弟祖甲立，是为帝甲。帝甲淫乱，殷复衰。

《今本竹书纪年》记载：

> 祖甲，名载。元年丁巳，王即位，居殷。十二年，征西戎。
> 冬，王返自西戎。祖甲（按：《山海经》作'和甲'）西征，得一丹
> 山。十三年，西戎来宾，命邠侯组绀。二十四年，重作汤刑。
> 二十七年，命王子嚣、王子良。三十三年陟。迨其末也，繁刑
> 以携远，殷道复衰。

从以上记载来看，最为可信且年代偏早的《无逸》《国语》并未
言及祖甲改革或改制，即使被奉为信史的《史记》也仅有"帝甲淫
乱，殷复衰"的只言片语。而学者引以为是的"重作汤刑"却见于晚

出之《今本竹书纪年》，不过该书的真伪尚且存疑，遑论其所记之史事。已经有学者敏锐地指出，所谓"重作汤刑……迨其末也，繁刑以携远，殷道复衰"也可能是《国语》及《殷本纪》"帝甲乱之"与"帝甲淫乱"的进一步发挥和想象。即使"重作汤刑"之记载有据，然并不能说明其所具有的改革意味，陈逢衡《竹书纪年集证》指出："孙之骒曰：殷汤制官刑，儆于有位。《商书》曰'刑三百'，罪莫重于不孝。高诱曰：商汤所制法也，荀子曰刑名从商。《左传》叔向曰'商有乱政而作汤刑'是也。"①可知此处之"重作汤刑"也仅仅是重申商汤之法度，以重己威而已。总之，"祖甲改制或改革"在文献中并无确切记载。

其次，甲骨卜辞，属于祖甲时期的卜辞主要包含出组二类及历无名间类。甲骨文为商人所记，是研究商代历史最为可靠的材料，虽然限于其性质，所占卜之事类有限。但凡无疑可行者不必占卜，故而这一类事情极少见诸甲骨文。但人所共知，甲骨文所记巨细无遗，已经几乎涉及商代政治、经济、军事、社会生产生活的方方面面，从目前所见材料可知，属于祖甲时期的出组二类及无名间类卜辞并无"改革"或"改制"的相关记载。从出组二类与一类、宾组等卜辞的全面对比来看，其所反映出来的一致性远远大于差异性，而值得注意的是出组卜辞与此后的何组、无名组之间的差别则更为明显。如本书所论仅见于出组的两类十分特殊的卜辞—"卜王辞"和"王西言"卜辞，其源头仍然可以追溯到武丁时期的师组、宾组卜辞，"卜王辞"前文已经指出，其所反映的是商王对四方的巡视，在师组、宾组卜辞中就有不少"王徝某方"的记载，与此名异而实同；"王西言"卜辞所反映的占梦现象，在宾组卜辞中出现"多鬼梦"及其他"梦祟"的占卜，两者当有渊源。此外，学者论述祖甲改制或改

---

① 陈逢衡：《竹书纪年集证》（卷二十）第 945 页，嘉庆十八年袁露轩刻本。

革,常常以周祭制度为例,前文业已指出,周祭制度是祖甲的创制而非改制,两者分属不同的范畴,无须赘言。由此,从甲骨文之记载亦可知,"祖甲改革"或"祖甲改制"应是一难以成立的命题。

最后,殷墟文化分期,从目前各种殷墟文化分期的观点来看,均将祖庚祖甲与武丁时期视为同一期,可见此二世三王时期在文化面貌上表现出来的一致性,而值得注意的是,殷墟一二期与三四期之间的文化面貌之差别却甚为明显。邹衡先生之研究最具说服力,他将殷墟文化分为四期并初步估算了各期所对应的绝对年代(见表7-1),在对各期遗址和墓葬、建筑、埋葬(陵墓制)、陶器(刻纹白陶)、铜器等遗迹遗物的全面综合对比后指出"殷墟文化的四期之中,变化较大的是在第一、二期间和第二、三期间,后者尤其显著。如果按以上各期的绝对年代来推算,则第一次较大的变化似乎在武丁时代;第二次更大的变化或者在祖甲以后"①。

表 7-1　邹衡殷墟文化分期绝对年代对照表

殷墟文化第一期	约相当于甲骨第一期以前,或属盘庚、小辛、小乙时代
殷墟文化第二期	约相当于甲骨第一、二期,即武丁、祖庚、祖甲时代
殷墟文化第三期	约相当于甲骨第三、四期,即廪辛、康丁、武乙、文丁时代
殷墟文化第四期	约相当于甲骨第五期,即帝乙、帝辛时代

综上,不论是文献记载,还是考古学文化面貌及现象,均不能证明祖甲时期曾有过"改革"或"改制"这样的重大事件,故而这一

① 邹衡:《试论殷墟文化分期》《试论殷墟文化分期(续完)》,《北京大学学报(人文科学)》1964年第4、5期。

命题有待进一步论证。

周祭制度乃祖甲之一大创举,这一制度的确立进一步丰富了"国之大事,在祀与戎"(《左传·成公十三年》)的深刻内涵,同样也是"殷人尊神,率民以事神,先鬼而后礼"(《礼记·表记》)的重要体现。周祭制度是研究商王世系最为可靠的材料,早期甲骨学者据此判定了甲骨文所属的时代和族属,同时也纠正了《殷本纪》等传世文献中商王世系的讹误之处,此问题自王国维先生以来,学界基本达成一致,然而近年来,又有学者提出不同的看法,认为司马迁《殷本纪》所载商王世系(按:即三报的顺序)无误,我们认为此说可商,尽管如有些学者推断的那样,在商王人数多于十,而天干只有十的情况下,通过占卜所得"甲、乙、丙、丁"四个连续干支的概率十分渺茫,但值得注意的是,前文在对小乞组卜辞进行排谱系联时业已指出,商王生前皆有名姓,商王庙号的来源很有可能是在其死后所占选的"葬之吉日",从商人的占卜习惯来看,其往往带有较为明确的倾向性,故而从择日的角度来讲看似带有随机性而实质上也存在大致的确定性,故而仅从"甲、乙、丙、丁"四者依次相连就断然否定其存在的合理性。换言之,即使真的从概率论出发,得不出四者相连的结果,但这种人为的安排也是商人自己的安排,不是司马迁的安排,更不是二十一世纪的论者们的安排。研究历史首先应尊重历史,如果随意涂抹,那历史研究的科学性和严肃性又在哪里呢? 因此,我们认为应遵从商代的事实和商人自身的习惯,在这一前提下再谈论三报的世次问题。

第三节 出组卜辞与《史记》
三报世次小议

关于三报的世次问题,王国维先生在其名著《殷卜辞中所见先公先王考》《殷卜辞中所见先公先王续考》①二文中已详加论述,其结论是《殷本纪》所载三报"报丁→报乙→报丙"的顺序有误,而应纠正为"报乙→报丙→报丁"。纵观大量甲骨卜辞及商代文献文物,我们认为王国维的先生的论断是符合历史事实的,在无新材料的情况下,不能断然予以否定。下面主要以出组卜辞为据,兼及黄组周祭卜辞,对三报世系问题略加补苴,以究其实。

(1) a. □□[卜]□贞:王宾报乙岁一牛亡尤?

　　 b. …王宾亡尤?

　　 c. …贞…祖乙…　　　　　　　　　　　　《合集》22690

(2) a. 乙卯卜即贞:王宾报乙彡亡尤?

　　 b. 乙卯卜即贞:王宾…亡尤?

　　 c. 乙[卯卜即]贞:王…叙……　　　　　　　《俄罗斯》26

(3) a. 甲[申卜]□贞:[王宾]叙[亡尤]?

　　 b. 乙酉卜行贞:王宾叙亡尤?

　　 c. 乙酉卜行贞:王宾报乙彡亡尤? 在十一月。

　　 d. 丙戌卜行贞:王宾报丙彡亡尤? 在十一月。

　　 e. 丁亥卜行贞:王宾…[亡]尤?

　　 f. [丁亥]卜行[贞]:[王宾]报丁[彡]…　　《合补》6962

(4) a. [甲]申[卜][行]贞:王宾上甲㝵[亡尤]? 在[七月]。

　　 b. 甲申卜行贞:王宾叙亡尤?

　　 c. [乙酉]卜行贞:王宾报乙㝵亡尤?

　　 d. □□[卜]□[贞]:王宾…亡尤? 在七月。《合集》22682

(5) 乙丑卜□贞:王宾报乙嗌[亡尤]?　　　　　《合集》22689

(6) a. 乙丑卜尹贞:王宾报乙嗌亡尤?

<hr>

① 王国维:《观堂集林》(附别集)(上)第409—437页,中华书局,1961年。

　b. □□[卜]□[贞]：[王]宾…暨[亡]尤？　　《合集》40930

（7）a. [乙丑卜尹]贞：[王宾]报乙祭亡祸？在…

　b. 贞：亡尤？

　c. 乙丑[卜尹]贞：王出亡祸？

　d. 贞：亡尤？

　e. 丙寅卜尹贞：王宾报丙祭亡祸？

　f. [贞]：亡尤？　　　　　　　　　　　《天理》316

（8）乙卯卜即贞：王宾报乙祭亡祸？　　　《合集》22692

（9）a. 乙丑卜旅贞：王宾报乙乡亡尤？在十月。

　b. 丁卯卜旅贞：王宾报丁乡亡尤？在十月。《合集》22688

（10）乙亥卜涿贞：王宾报乙龄亡尤？　　　《合集》22693

（11）a. 乙酉[卜]□贞：王[宾]叔[亡尤]？

　b. 乙酉[卜]□贞：王[宾]报乙…[亡尤]？《合集》22691

（12）a. [乙]卯卜旅[贞]：王宾报乙…亡尤？

　b. □□[卜]□[贞]：[王宾]…五宰？在十月。

　　　　　　　　　　　　　　　　　　　《合集》22694

（13）[乙]丑卜□[贞]：[王]宾报乙…二宰…　《合集》22695

（14）[丙]申卜□贞：王[宾]报丙□亡[尤]？　《合集》22699

（15）a. …上甲…

　b. 丙□[卜]□贞…报丙…[亡]尤？　　　　《英藏》1929

（16）丙子[卜]□贞：王宾报丙[叔]亡尤？　《合集》25247

（17）a. 丙午[卜行]贞：王[宾]报丙乡亡[尤]？在正月。

　b. 丙午卜行贞：王宾叔亡尤？　　　　　《合集》25307

（18）丙申卜旅贞：王宾报丙飙亡祸？　　　《合集》22698

（19）丁酉卜□贞：王宾父丁岁二宰眔报丁岁…《合集》22701

（20）a. 丁□[卜]□贞…报丁

　b. 贞：亡尤？　　　　　　　　　　　　《合集》22703

(21) □□[卜]□[贞]⋯父丁岁果报丁岁亡[尤]? 《合集》22702

(22) a. 乙未卜贞:王宾报乙酓日亡尤?

　　　b. 丙申卜贞:王[宾]报丙酓日[亡]尤? 　《合集》35444

　　上揭(1)—(21)皆为出组二 B 类,(22)为黄组二类。就祭祀日期而言,不论是黄组卜辞抑或出组卜辞,周祭卜辞还是一般卜辞,三报的祭祀日期皆与日名相一致,绝无例外,可知其有着十分严格的规定;就祭祀顺序而言,(3)辞(图 7−1)分别于"乙酉、丙戌、丁亥"三天彡祭报乙、报丙、报丁,可知其世次为报乙、报丙、报丁;(4)辞(图 7−2)分别于"甲申、乙酉"日酓祭上甲、报乙,可知上甲在前,报乙次后;(7)辞(图 7−3)分别于"乙丑、丙寅"日祭祭报乙、报丙,知报乙在前,报丙居后;(9)辞(图 7−4)分别于"乙丑、丁卯"日彡祭报乙、报丁,可知报乙在前,报丁在后;(22)辞(图 7−5)分别于"乙未、丙申"日酓祭报乙、报丙,知报乙居前,报丙次后。总之,从出组、黄组周祭卜辞等可知,殷商先王之世次是"上甲、报乙、报丙、报丁"。而这一点在师组及历组卜辞中亦可得到证明,《合集》19811 反(图 7−6)记载上甲以后的先王之顺序是"报乙→报丙→报丁";《合集》32384(图 7−7)记载上甲以后先王的顺序是"报乙→报丙→报丁→示壬→示癸→大乙→大丁→大甲→大庚→小甲"。

　　综上,从对出组周祭卜辞及相关卜辞的全面梳理可知,殷先王三报的世次是"报乙→报丙→报丁",未见一例错乱或报丁居于报乙、报丙之先者,而且三报的祭祀日期亦严格遵守着日名制度,毫无例外,可见其背后有着十分严密的制度支撑,不能轻易否定。至于"上甲→报乙→报丙→报丁"的顺序是源于人为的有意安排还是通过随机的选择,现已难知其详,这一问题的解决尚待更多新材料的发现。

图 7-1　《合补》6962　　图 7-2　《合集》22682　　图 7-3　《天理》316

图 7-4　《合集》22688　　　　图 7-5　《合集》35444

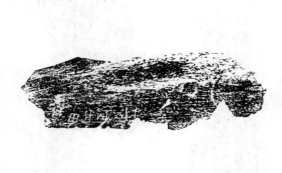

图 7 - 6　《合集》19811 反　　　　　图 7 - 7　《合集》32384

小　结

　　有关商王祖甲的历史评价,古来褒贬不一,今幸有殷墟甲骨文之发现,对此问题的解决大有裨益。从祖甲时期的甲骨卜辞来看,显然周公在《无逸》中对祖甲的评价切中要旨,与商代的历史事实相符。本章以出组卜辞为主要依据,对"祖甲改制/改革"问题进行了辨析,由此而论及三报之世次。

　　首先,就"祖甲改制/改革"而言,不论是传世文献还是甲骨卜辞,抑或殷墟文化面貌,武丁时期与祖庚祖甲时期的一致性远远大于差异性,综合以上多个方面,我们认为所谓"祖甲改制或改革"这一命题难以成立,相关文献并无明确记载。学者引以为据的"周祭制度"是祖甲时期的一次制度创新,而不能归属为"改革",因为此前并不存在周祭制度,即使在周祭制度建立后,其他各种祭祀依然存在。

其次,就三报之世次而言,以出组卜辞为据,对王国维先生的观点进行了补充,不论是甲骨卜辞本身还是从商人的习惯出发,我们认为三报的世次当以"报乙→报丙→报丁"为是,《殷本纪》所载"报丁→报乙→报丙"的记载当有误,故王国维先生提出《史记》三报世次有误的观点不能轻易否定。

最后,就理论方法而言,研究历史者必须先尊重历史、尊重原始材料,只有以一种非常严肃的态度进行历史研究,历史学才不失为一门科学,若抛开此而随意涂抹,则必然会失去其作为科学的根本前提而陷入空洞的说教。

附　　录

一、出组二 B 类"卜王辞"排谱系联干支年份推算表

第	一	年	
月份	月份所在干支	干支区间	月份所在干支来源
1 月	戊戌、□丑	甲午—癸亥	《合集》24281、24114
2 月		甲子—壬辰	
3 月	甲午	癸巳—壬戌	《合集》23968
4 月	戊辰	癸亥—辛卯	《合集》23837
5 月		壬辰—辛酉	
6 月	己巳	壬戌—庚寅	《合集》23843
7 月	戊午	辛卯—庚申	《俄罗斯》90
8 月		辛酉—庚寅	
9 月	乙未	辛卯—己未	《合补》8482
10 月	癸亥	庚申—己丑	《合集》24111
11 月	戊戌	庚寅—戊午	《合集》24235
12 月	庚午	己未—戊子	《合集》24352

第　　二　　年			
月份	月份所在干支	干支区间	月份所在干支来源
1月	辛丑	己丑—戊午	《合集》24012
2月		己未—丁亥	
3月	壬寅	戊子—丁巳	《合集》24112
4月	癸未	戊午—丙戌	《合集》24665
5月		丁亥—丙辰	
6月	庚午	丁巳—乙酉	《合补》8560
7月		丙戌—乙卯	
8月		丙辰—乙酉	
9月	己酉	丙戌—甲寅	《合集》24059
10月	甲子	乙卯—甲申	《合集》23811
11月	戊申	乙酉—癸丑	《合集》24055
12月	己卯	甲寅—癸未	《合集》23875
第　　三　　年			
月份	月份所在干支	干支区间	月份所在干支来源
1月	庚寅	甲申—癸丑	《合集》23943
2月		甲寅—壬午	
3月	丁亥	癸未—壬子	《英藏》2009
4月	甲寅	癸丑—辛巳	《合集》24071
5月		壬午—辛亥	

续　表

第　三　年			
月份	月份所在干支	干支区间	月份所在干支来源
6 月	□寅	壬子—庚辰	《合集》24113
7 月		辛巳—庚戌	
8 月		辛亥—庚辰	
9 月		辛巳—己酉	
10 月	□申	庚戌—己卯	《合补》8408
11 月		庚辰—戊申	
12 月	乙亥	己酉—戊寅	《天理》407
13 月		己卯—戊申	
第　四　年			
月份	月份所在干支	干支区间	月份所在干支来源
1 月		己酉—戊寅	
2 月	壬寅	己卯—丁未	《合集》24023
3 月	庚戌	戊申—丁丑	《合集》24063
4 月		戊寅—丙午	
5 月	甲戌	丁未—丙子	《合补》8384
6 月		丁丑—乙巳	
7 月		丙午—乙亥	
8 月		丙子—乙巳	
9 月	戊午	丙午—甲戌	《合集》24080

续　表

第　四　年			
月份	月份所在干支	干支区间	月份所在干支来源
10月	癸未	乙亥—甲辰	《缀汇》879
11月	癸丑、乙卯	乙巳—癸酉	《拼续》378、《合集》24648
12月	癸未	甲戌—癸卯	《缀汇》879
第　五　年			
月份	月份所在干支	干支区间	月份所在干支来源
1月	己未	甲辰—癸酉	《合集》24087
2月		甲戌—壬寅	
3月		癸卯—壬申	
4月	辛丑	癸酉—辛丑	《辑佚》407
5月		壬寅—辛未	
6月		壬申—庚子	
7月		辛丑—庚午	
8月		辛未—庚子	
9月		辛丑—己巳	
10月	辛卯	庚午—己亥	《合集》23952＋①
11月	乙卯	庚子—戊辰	《合补》8508
12月	丁亥	己巳—戊戌	《缀汇》881

---

① 蔡依静：《出组卜辞缀合一则》，中国社会科学院先秦史研究室网站 https://www.xianqin.org/blog/archives/2625.html，2012 年 4 月 2 日。

续　表

第　六　年			
月份	月份所在干支	干支区间	月份所在干支来源
1月	辛丑、癸卯	己亥—戊辰	《合集》24012、24369
2月		己巳—丁酉	
3月		戊戌—丁卯	
4月	□未	戊辰—丙申	《合补》8305
5月		丁酉—丙寅	
6月		丁卯—乙未	
7月		丙申—乙丑	
8月		丙寅—乙未	
9月		丙申—甲子	
10月	乙酉	乙丑—甲午	《缀汇》524
11月	戊午	乙未—癸亥	《合集》24082
12月		甲子—癸巳	
13月		甲午—癸亥	
第　七　年			
月份	月份所在干支	干支区间	月份所在干支来源
1月	壬午	甲子—癸巳	《合集》23892+①
2月		甲午—壬戌	

---

① 林宏明：《甲骨新缀第174—176例》，中国社会科学院先秦史研究室网站 https://www.xianqin.org/images/174176_FF1D/clip_image006.jpg，2010年12月21日。

续　表

第 七 年			
月份	月份所在干支	干支区间	月份所在干支来源
3月		癸亥—壬辰	
4月	戊申	癸巳—辛酉	《拼三》756
5月		壬戌—辛卯	
6月		壬辰—庚申	
7月		辛酉—庚寅	
8月		辛卯—庚申	
9月		辛酉—己丑	
10月		庚寅—己未	
11月	甲子	庚申—戊子	《合集》23810
12月	甲午	己丑—丁巳	《合集》24237
第 八 年			
月份	月份所在干支	干支区间	月份所在干支来源
1月	己未、辛酉、壬戌、癸亥	戊午—丁亥	《合集》24085、24103、24109、《辑佚》441
2月	乙未	戊子—丙辰	《合集》23971
3月		丁巳—丙戌	
4月		丁亥—乙卯	
5月		丙辰—乙酉	
6月		丙戌—甲寅	
7月		乙卯—甲申	
8月		乙酉—甲寅	

续　表

第　八　年			
月份	月份所在干支	干支区间	月份所在干支来源
9月		乙卯—癸未	
10月	丙申	甲申—癸丑	《合集》23976＋①
11月	丙寅	甲寅—壬午	《合集》23822
12月		癸未—壬子	
第　九　年			
月份	月份所在干支	干支区间	月份所在干支来源
1月	戊午、庚申	癸丑—壬午	《合集》41058、24359
2月	戊戌、辛丑	癸未—辛亥	《合集》23987、24009
3月		壬子—辛巳	
4月		壬午—庚戌	
5月		辛亥—庚辰	
6月		辛巳—己酉	
7月		庚戌—己卯	
8月		庚辰—己酉	
9月		庚戌—戊寅	
10月		己卯—戊申	
11月		己酉—丁丑	
12月		戊寅—丁未	
13月		戊申—丁丑	

① 陈逸文：《〈甲编〉缀合 26 例》，中国社会科学院先秦史研究室网站 http://www.xianqin.org/blog/archives/3803.html，2014 年 3 月 6 日。

二、出组卜辞分类总表

出组一类：

《合集》365、473、2100、4962、4963＋26804＋《北图》786、10119＋23395、
11201、11351、13195＋25971、15208、15432、16050、16577、16899、17097＋
23599、17098、18217、18777、18804、18823、19420、22537、22543、22545、
22546、22547、22548、22559、22565、22580、22588、22590、22593、22594、
22595、22599、22600、22602、22603、22604、22620、22629、22641、22677、
22718、22739、22740、22741、22742、22746、22749、22809、22823、22825、
22859、22911、22912、22923、22954、22962、23008、23022、23060、23063、
23064、23067、23179、23337、23396、23415、23416、23429、23430、23431、
23434、23435、23436、23439、23440、23441、23474、23519、23525、23526、
23531、23532、23533、23534、23536、23537、23571、23573、23576、23581、
23582、23584、23585、23586＋合补7094＋［存补7·3·1］、23586、23588、
23598、23600、23601、23608、23610、23612、23613、23614、23615、23616、
23618、23619、23620、23621、23622、23623、23624、23625、23626、23627、
23660、23664、23665、23666、23668、23675、23679、23684、23689、23697、
23698、23705、23708、23709、23710、23712、23713、23714、23715、23716、
23717、23718、23719、23781、23783、23786、23788、23790、23791、23792、
23796、23803、24116、24118、24129、24133、24146、24149、24150、24151、
24152、24153、24155、24156、24160、24180、24216、24217、24225、24230、
24358、24380、24397、24400、24412、24427、24428、24429、24431、24432、
24433＋40912、24436、24438、24439、24444、24445、24485、24496、24497、
24499、24510、24511、24519、24526、24610、24611、24615、24616、24621、
24634、24650、24651、24652、24653、24673、24674、24693、24718、24721、
24724、24725、24727、24732、24741、24742、24743、24744、24749、24755、
24762、24770、24771、24774、24775、24781、24784、24794、24798、24800、
24827、24845、24858、24864、24868、24870、24875、24880、24881、24883、
24885、24901、24905、24910、24911、24919、24922、24923、24926、24929、
24930、24931、24932、24933、24934、24935、24936、24938、24939、24940、
24941、24942、24943、24944、24945、24949、24951、24952、24953、24956、
24967、24977、24983、25019、25020、25023、25025、25026、25029、25033、
25034、25035、25036、25038、25039、25040、25041、25042、25043、25180、
25181、25232、25242、25370、25371、25441、25452、25606、25622、25628、25890、

25896、25901、25904、25934、25935、25936、25937、25938、25951、25953、
25954、25964、25970、26000、26010、26012、26015、26039、26040、26067、
26071、26093、26096、26117、26154、26180、26181、26194、26195、26201、
26203、26384、26385、26386、26387、26389、26390、26391、26426、26427、
26428、26429、26435、26444、26445、26463、26466、26470、26538、26539、
26543、26544、26545、26547、26549、26550、26551、26554、26560、26561、
26562、26563、26564、26568、26569、26570、26571、26573、26574、26575、
26577、26578、26579、26581、26582、26583、26584、26585、26586、26587、
26588、26589、26590、26592、26593、26595、26596、26597、26598、26600、
26601、26602、26605、26606、26608、26609、26610、26611、26612、26613、
26614、26627、26628、26629、26631、26632、26633、26634、26635、26636、
26637、26638、26639、26640、26641、26643、26644、26645、26647、26648、
26650、26651、26652、26653、26655、26656、26657、26658、26659、26660、
26661、26678、26679、26681、26683、26684、26685、26686、26688、26689、
26690、26692、26693、26694、26696、26701、26703、26704、26706、26713、
26717、26720、26763、26764、26765、26766、26767、26768、26775、26776、
26779、26781、26782、26783、26784、26786、26790、26791、26792、26793、
26794、26795、26796、26797、26798、26800、26801、26802、26813、26834、
26840、26841、26848、26856、26866、26869、26870、26875、40911、40914、
41005、41008、41011、41013、41015、41020、41023、41024、41025、41026、
41038、41039、41074、41091、41095、41103、41108、41111、41112、41113、
41158、41161、41186、41194、41215、41217、41225、41228、41229、41230、
41232、41234、41235、41236、41252、41292、41293

《合补》1673、6127、6982、7043、7054、7055、7056、7057、7058、7060、7061、
7062、7063、7064、7065、7066、7067、7068、7069、7070、7071、7072、7073、
7074、7076、7077、7078、7079、7080、7081、7082、7083、7084、7085、7086、
7088、7090、7091、7093、7094、7095、7096、7098、7099、7101、7102、7103、
7104、7105、7106、7176、7178、7237、7238、7250、7263、7285、7306、7308、
7310、7318、7321、7331、7332、7333、7338、7339、7341、7345、7350、7351、
7352、7356、7357、7366、7367、7368、7370、7376、7379、7381、7386、7390、
7401、7410、7414、7418、7428、7434、7436、7446、7453、7454、7464、7470、
7472、7485、7490、7978、8002、8003、8020、8042、8054、8055、8085、8087、
8128、8141、8167、8193、8205、8217、8220、8226、8230、8234、8235、8242、
8244、8245、8246、8258、8261、8290、8291、8294、8296、8297、8299、8587、8590、

8594、8597、8611、8623、8624、8629、8649、8662、8668、8673、8683、8687、8688、8699
《拼五》1025、1026
《怀特》164、1069、1075、1071、1084、1115、1116、1127、1145、1207、1208、1209、1211、1142、1143
《卡博》113、112、148
《拾遗》229、230、232、233、234、235、250、251、256、257、263、277、278、288、290、384、407
《安明》521、522、1255、1261、1321、1328、1330、1364、1379、1392、1393、1441、1451、1459、1460、1461、1471、1493、1510、1522、1530、1531、1533、1534、1541、1545、1578、1612、1633
《掇三》15、37、471、472、478、462、566、590、800、811
《掇一》175
《上博》2426.133、2426.134、2426.356、2426.557、2426.654、2426.671、2426.701、2426.950、2426.1469、17645.15、17645.206、17645.317、17645.431、17645.457、17645.733、17645.896、17645.909、17647.438、20889.40、21569.172、21569.287、21691.11、21691.13、39459.69、49003.78、49003.85、49003.98、54790.3
《英藏》1948、1957、1969、1975、1976、1984、1985、1986、1987、1988、1991、1995、1996、2029、2044、2046、2065、2066、2071、2076、2077、2085、2089、2090、2098、2119、2148、2167、2169、2175、2180、2181、2182、2195、2203、2228、2229、2255、2256
《北大》90、92、432、1174、1184、2806、2807、2824、2837、2839、遗失 2
《东洋》155、354
《笏二》519、524、541、543、545、573、588、624、667、666、670、676、726

《史购》187、199、218

《旅博》1334、1359、1413、1415、1421、1531、1563、1607、1612、1624、1634、1635、1681、1682、1685、1702

《辑佚》315、317、325、330、334、340、350、357、360、393、394、396、405、434、435、447、449、511、519

《历史所》1365、1404、1430、1443、1457、1461、1479、1480、1491

《京人》53、1273、1295、1360、1382、1393、1417、1437、1441、1442、1636、1665、1666

《天理》350、354、425、427

《东大》633、652、1196、1201、1219

《契》406、815

出组二A类：

《合集》7768、15463、15480、15748、15750、16048、18801＋24739、22191、22538、22540、22541、22542＋《合补》7362、22544、22555、22556、22557、22558、22563、22564、22571、22573、22574、22576、22577、22581、22583、22585、22587、22592、22597、22610、22617、22618、22628、22635、22637、22638＋《合补》8025、22639、22640、22650、22651、22653、22654、22655、22657、22658、22659、22661、22662、22671、22674、22679、22681、22684、22685、22687、22690、22705、22708、22709、22710、22714、22716、22719、22724＋运台 1.1072、22734＋《合补》7117、22743、22744、22745、22747、22748、22750＋23568、22753、22756、22759＋《安明》1302、22768、22771、22772、22773、22774、22778、22788、22791、22795、22798、22801、22802＋《合补》3153、22806、22807、22808、22813、22826、22831、22848＋《合补》6998、22851、22853、22857、22864、22865、22867、22877、22887、22889、22892、22896、22904、22910、22915、22916、22919、22920、22921＋《天理》331、22924、22926、22927、22936、22939、22940、22945、22950、

续　表

22951、22952、22956、22961、22965、22967、22968、22970、22981、22984、
22985、22988、22989、22991、22993、22994、22996、22997、22998、22999、
23009、23021、23024、23028、23033、23038、23044、23045、23052、23059、
23061、23062、23065、23066、23069、23070、23071、23072、23073、23075、
23080、23084、23085、23089、23092、23096、23098、23109、23132、23133、
23137、23138、23140、23142、23143、23145、23146、23147＋《合补》7860、
23152＋《合补》7512、23153＋《合补》7005、23158、23160、23161、23162、
23164、23168、23169、23174、23176、23177、23178、23205、23221、23224、
23225、23226、23227、23228、23230、23232、23236、23237、23238、23250、
23252、23256、23257、23259、23260、23262、23265、23272、23273、23277＋
《英藏》1974、23280、23284、23285、23291、23294、23297、23299、23305、
23317、23320、23321、23322、23324、23336、23338、23346、23351、23356、
23358、23363、23367、23368、23382、23387、23389、23403、23404、23408、
23413、23414、23417、23419、23422、23424、23426、23433、23437、23438、
23446、23447、23449、23452、23459、23461＋25063、23462、23465、23480、
23481、23482、23489、23490、23491、23492、23493、23500、23501、23503、
23504＋25771、23507、23508、23509、23510、23513、23520、23528、23529、
23538、23540、23541、23543、23545、23546、23549、23556、23558、23559、
23560、23563、23565、23567、23569、23572、23575、23577、23578、23580、
23583、23587、23589、23590、23591、23592、23593、23604、23606、23607、
23609、23617、23637、23638、23647、23650、23651、23652、23653、23654、
23655、23656、23657、23658、23659、23663、23667、23669、23672、23674、
23677、23680、23681、23682、23683、23685、23687、23690、23691、23694、
23700、23701、23703、23704、23706、23732、23745、23747、23763、23764、
23767、23770、23772、23774、23776、23777、23778、23779、23782、23785、
23789、23800、23805、23806、24119、24132、24134、24136、24139、24140、
24141、24143、24147＋26770、24158、24159、24161、24162、24163、24164、
24166、24167、24170、24171、24173、24176、24177、24179、24182、24183、
24185、24189、24192、24193、24195、24197、24198、24199、24200、24201、
24203、24206、24207、24208、24209、24210、24213、24214、24215、24218、
24219、24220、24221、24226、24229＋《安明》1528＋《北图》2010、24317、
24373、24374、24379、24382、24383、24384、24394、24396、24403、24407、
24416、24418、24425、24430、24443、24464、24468、24484、24489、24495、
24500、24503、24509、24514、24518、24520、24523、24525、24529、24539、

24545、24547、24550、24553、24554、24556、24561、24565、24566、24567、
24570、24572、24574、24577、24581、24584、24587、24588、24591、24592、
24595、24596、24599、24600、24604、24612、24617、24618、24619、24623、
24627、24628、24635、24639、24641、24642、24643、24644、24646、24647、
24649、24656、24668、24669、24672、24675、24681、24683、24684、24690、
24691、24696、24697、24702、24719、24723、24726、24740、24741、24752、
24754、24756、24765、24766、24767、24768、24777、24780、24796、24797、
24807、24808、24809、24810、24811、24813、24814、24816、24818、24834、
24835、24855、24866、24867、24871、24876、24879、24884、24886、24889、
24890、24891、24892、24895、24896、24898、24899、24900、24902、24903、
24904、24906、24907、24908、24915、24916、24917、24920、24921、24924、
24928、24946、24947、24954、24955、24958、24959、24961、24962、24963、
24965、24969、24970、24974、24978、24979、24980、24981、24984、24985、
24989、24996、24997、24998、24999、25000、25001、25004、25008、25010、
25012、25013、25014、25021、25030、25031、25032、25046、25047、25048、
25050、25052、25054、25057、25058、25060、25072、25097、25115、25116、
25117、25118、25125、25128、25138、25144、25148、25154、25155、25156、
25158、25159、25161、25163、25164、25165、25166、25172、25174、25176、
25177、25178、25179、25182、25188、25190、25193、25201、25203、25205、
25206、25209、25210、25212、25213、25216、25220、25221、25222、25228、
25233、25238、25240、25244、25245、25247、25249、25250、25253、25254、
25256、25257、25258、25281、25283、25287、25289、25315、25334、25337、
25338、25340、25341＋《合补》7811＋《合集》25642＋23031、25342、25343、
25345、25347、25349、25350、25351、25353、25355、25356、25357、25358、
25359、25360、25364、25365、25366、25367、25373、25374、25375、25376、
25408、25409、25412、25413、25414、25415、25419、25427、25431、25432、
25435、25438、25440、25444、25448、25449、25453、25454、25456、25457、
25458、25459、25460、25461、25462、25464、25465、25469、25473、25475、
25477、25501、25517、25518、25519、25520、25528、25530、25531、25533、
25535、25536、25537、25538、25543、25560、25561、25563、25564、25565、
25571、25591、25592、25594、25602、25605、25612、25613、25616、25624、
25635、25649、25650、25661、25662、25663、25671、25692、25697、25717、
25720、25725、25734、25747、25749、25751、25752、25753、25755、25760、
25762、25763、25764、25765、25768、25769、25770、25772、25773、25774、

25775、25776、25777、25778、25779、25782、25785、25786、25787、25788、
25789、25790、25813、25814、25817、25822、25825、25842、25843、25845、
25847、25849、25850、25853、25858、25860、25861、25862、25863、25864、
25865、25866、25867、25870、25872、25877、25878、25879、25880、25881、
25882、25887、25892、25895、25900、25902、25906、25907、25908、25909、
25910、25915、25916、25917、25918、25919、25920 ＋《安明》1215、25921、
25923、25924、25925、25928、25929、25931、25932、25933、25939、25941、
25942、25945、25946、25947、25949、25950、25955、25956、25959、25963、
25968、25969、25972、25978、25980、25985、25986、25987、25996、25997、
25999、26001、26003、26007、26008、26009、26011、26013、26014、26017、
26018、26022、26023、26024、26026、26028、26029、26032、26033、26034、
26036、26041、26042、26043、26046、26055、26056、26059、26060、26061、
26065、26070、26077、26079、26080、26084、26085、26086、26092、26094、
26095、26097、26098、26105、26111、26113、26121、26126、26128、26129、
26134、26137、26138、26139、26149、26151、26152、26153、26157、26158、
26160、26162、26163、26169、26178、26179、26184、26186＋41184＋24136、
26189、26198、26199、26205、26206、26207、26219、26284、26289、26296、
26298、26302、26325、26330、26333、26360、26362 ＋26443、26363、26364、
26373、26374、26375、26376、26377、26378、26379、26380、26381＋26454、
26382、26383、26388、26392、26393、26394、26395、26396、26397、26399、
26400、26405、26407、26408、26409、26410、26411、26412、26431、26432、
26436、26439、26440、26441、26447、26449、26451、26458、26459、26461、
26465、26467、26468、26474、26506、26511、26540、26541、26542、26546、
26548、26553、26555、26556、26557、26558、26559、26565、26566、26567、
26572、26576、26580、26594、26599、26603、26620、26621、26664、26665、
26666、26667、26668、26670、26671、26672、26676、26698、26699、26700、
26714、26727、26735、26737、26740、26742、26743、26744、26745、26746、
26750、26751、26752、26762、26769、26771、26772、26773、26774、26777、
26778、26784、26785、26787、26788、26789、26808、26809、26811、26812、
26819、26820、26821、26822、26835、26836、26837、26838、26846、26849、
26851、26863、26865、26867、26873、26878、29762、40915、40916、40921、
40923、40925、40927、40967、40968、40972、40977、40978、40979、40980、
40985、40990、40999、41022、41031、41036、41060、41061、41067、41068、
41069、41070、41072、41119、41129、41132、41136、41144、41146、41165、

41169、41172、41176、41178、41179、41182、41185、41196、41204、41211、
41216、41220、41224、41226、41227、41249、41250、41251、41262、41264、
41271、41273、41275、41280、41283、41286、41288、41289、41291、41619

《合补》1174、3525、3901、4933、6957、6986、6988、6992、6999、7002、7016、
7022、7024、7025、7027、7032、7033、7051、7087、7107、7111、7114、7115、
7117、7119、7120、7143、7144、7145、7146、7148、7150、7152、7165、7172、
7177、7183、7188、7195、7198、7203、7204、7208、7216、7219、7221、7222、
7225、7228、7252、7265、7271、7275、7276、7283、7284、7286、7296、7300、
7301、7304、7305、7309、7311、7313、7315、7316、7317、7320、7324、7329、
7330、7334、7343、7347、7349、7353、7354、7358、7360、7362、7363、7364、
7365、7369、7371、7374、7375、7377、7409、7421、7425、7427、7429、7431、
7433、7439、7440、7444、7452、7457、7458、7460、7461、7462、7463、7465、
7478、7482、7483、7484、7493、7494、7496、7497、7498、7503、7505、7507、
7508、7509、7511、7512、7517、7524、7526、7527、7532、7534、7537、7540、
7544、7545、7546、7549、7550、7559、7560、7562、7563、7569、7572、7573、
7596、7600、7606、7614、7619、7621、7624、7628、7631、7633、7635、7639、
7643、7645、7651、7654、7659、7663、7664、7665、7668、7675、7676、7677、
7680、7685、7687、7690、7691、7691、7692、7694、7696、7701、7703、7707、
7710、7711、7712、7713、7714、7715、7716、7717、7725、7726、7728＋7762、
7733、7740、7742、7747、7748、7749、7751、7752、7756、7757、7758、7761、
7763、7765、7766、7767、7768、7776、7784、7785、7794、7795、7798、7801、
7811、7813、7815、7817、7831、7833、7835、7839、7845、7847、7855、7859、
7864、7867、7870、7871、7872、7873、7875、7882、7883、7884、7888、7890、
7900、7903、7904、7915、7916、7918、7925、7933、7934、7940、7941、7942、
7943、7947、7951、7956、7957、7959、7960、7968、7969、7971、7972、7973、
7974、7979、7981、7984、7989、7990、7991、7993、7997＋13311、7998、7999、
8005、8010、8015、8016 正反、8017、8025、8026、8027、8028、8031、8032、
8035、8037、8041、8044、8045、8050、8052、8061、8062、8063、8064、8066、
8067、8069、8076、8078、8097、8106、8118、8131＋《北图》505、8133、8134、
8137、8138、8139＋8161、8143、8144、8145、8146、8148、8153、8154 正反、
8156、8158、8159、8160、8162、8166、8169、8172、8173、8174、8175、8180、
8181、8184、8185、8188、8195、8201、8202、8203、8204、8206、8208、8213、
8224、8228、8231、8232、8233、8236、8237、8240、8241、8249、8250、8252、

续　表

8263、8265、8268、8270、8272、8274、8278、8279、8281、8288、8576、8581、
8586、8593、8600、8607、8608、8612、8613、8614、8616、8621、8622、8634、
8635、8636、8638、8647、8651、8652、8654、8655、8656、8657、8664、8665、
8666 正反、8669、8672、8676、8684、8690、8695、8700、8704、8705

《俄罗斯》19、20、22、23、27、34、38、39、44、60、62、64、65、68、97、98、99、101、
112、115、116、117、122、128、131、135、138、142

《安明》7、1173、1174、1175、1187、1199、1201、1210、1211、1227、1242、1252、
1253、1257、1260、1265、1276、1277、1278、1280、1285、1292、1294、1295、
1299、1300、1305、1308、1313、1317、1320、1332、1343、1346、1353、1354、
1358、1367、1368、1369、1373、1376、1381、1382、1383、1386、1387、1391、
1394、1396、1397、1400、1401、1403、1404、1405、1426、1430、1431、1434、
1436、1439、1440、1446、1447、1448、1452、1458、1465、1469、1473、1477、
1478、1479、1481、1482、1486、1503、1506、1507、1509、1513、1516、1517、
1521、1523、1526、1527、1535、1544、1547、1555、1557、1560、1561、1563、
1577、1579、1585、1587、1593、1594、1597、1598、1599、1601、1602、1607、
1615、1623、1628

《英藏》1924、1926、1931、1936、1940、1944、1946、1953、1955、1958、1959、
1961、1963、1965、1967、1968、1970、1971、1973、1980、1981、1990、1992、
1993、1997、1998、2026、2033、2034、2036、2037、2048、2049、2053、2055、
2057、2060、2062、2067、2068、2073、2074、2075、2079、2082、2084、2087、
2092、2095、2096、2097、2103、2104、2105、2106、2109、2112、2115、2116、
2125、2128、2129、2130、2133、2134、2135、2137、2150、2151、2155、2157、
2158、2162、2176、2184、2185、2192、2199、2200、2202、2204、2205、2223、
2224、2225、2226、2227、2232、2233、2239、2240、2241、2245、2247、2252

《掇一》173

《掇三》92、93、94、97、115、119、120、121、122、365、477、568、569、572、619、
804、816、817

《上博》2426.601、2426.619、2426.672、2426.832、2426.1045、2426.1414、
2426.1438、17645.36、17645.188、17645.211、17645.301、17645.350、17645.391、
17645.743、17645.829、17645.865、17645.1019、17645.1020、17647.107、

17647.406、17647.435、17647.517、17647.529＋534、21569.45、21691.53、21569.73、21569.92、33174.2、46995、49003.86、49003.140、54791.5、54796.18、67761.20
《辑佚》299、301、307、313、314、324、331、332、336、338、341、345、348、349、353、364、367、392、398、402、412、417、426、440、443、445、454、461、469、471、473、483、485、493、494、504、507、510、512、513、515、516、518、536、545
《拼二》376、387、403、467、492、495
《拼三》624、627、785
《张世放》205、210、211、215、216
《东洋》297、309、310、313、316、318、320、325、328、329、330、346、357
《缀汇》412、422、508
《拾遗》240、243、246、255、258、260、270、271、273、279、280、281、285、287、292、293、295、299、300、311、320、321、332、334、344、345、365、369、373、376、395、396、397、398、401、405、406
《怀特》1024、1026、1038、1045、1056、1065、1066、1081、1088、1093、1128、1132、1141、1144、1155、1200、1226、1230、1233、1234、1242、1260、1261、1264
《卡博》114、191、196、239、257、267、294、325、332
《历史所》1358、1370、1375、1386、1388、1417、1428、1445、1447、1456、1458、1459、1464、1482、1483、1496
《北大》335、359、375、381、382、385、387、401、402、408、409、414、416、419、431、1175、1186、1190、1192、1198、1851、2545、2555、2558、2808、2816、2831、2832、2834、2836、2840
《京人》1253、1257、1281、1287、1300、1306、1310、1312、1313、1316、1318、1319、1320、1331、1337、1352、1371、1394、1418、1424、1428、1433、1438、

1439、1443、1455、1470、1472、1524、1525、1530、1532、1535、1537、1572、1600、1602、1610、1626、1627、1628、1669、1676、1679、1681
《旅博》1332、1352、1354、1357、1358、1368、1422、1427、1429、1446、1463、1465、1470、1483、1484、1491、1493、1494、1495、1496、1497、1499、1512、1513、1514、1517、1521、1522、1523、1525、1527、1532、1533、1543、1545、1548、1560、1564、1568、1572、1611、1640、1641、1645、1650、1651、1664、1665、1667、1671、1686、1689、1690、1694、1697、1701、1703、1706、1720、1726、1727、1730
《瑞典》62、65、69、72
《天理》324、334、335、341、342、344、345、348、361、373、378、390、426、665、667
《契》326、328、407、487
《东大》622、626、648、1212、1218、1220、1237
《笏二》80、180、638、655、697、708、709、878
《重博》130

出组二 B 类：

《合集》11348、17517、22539、22549、22550、22551、22552、22553、22554、22560、22561、22566、22568、22569、22570、22572、22575、22578、22579、22582、22584、22586、22605、22606、22607、22608、22609、22611、22612、22613、22614、22621、22623、22624、22625、22626、22627、22630、22631、22633、22634、22636、22642、22643、22645、22646、22647、22648、22649、22652、22656、22660、22663、22664、22665、22666、22667、22669、22670、22672、22673、22675、22676、22678、22680、22682、22683、22686、22688、22689、22691、22692、22693、22694、22695、22697、22698、22699、22700、22701、22702、22703、22706、22707、22711、22712、22713、22717、22721、

22722、22723、22725、22726、22727、22728、22729、22730、22731、22732、
22733、22735、22736、22737、22738、22751、22752、22754、22755、22758、
22760、22761、22762、22763、22764、22765、22766、22767、22770、22775、
22776、22777、22779、22780、22781、22782、22783、22784、22786、22789、
22790、22792、22793、22794、22796、22797、22799、22800、22803、22804、
22805、22810、22811、22812、22814、22815、22816、22817、22818、22819、
22820、22821、22827、22828、22829、22830、22832、22833、22834、22835、
22836、22837、22838、22839、22840、22841、22842、22844、22845、22849、
22850、22852、22854、22855、22856、22860、22861、22862、22863、22866、
22868、22869、22870、22872、22873、22874、22875、22876、22878、22879、
22880、22881、22882、22883、22884、22885、22886、22888、22891、22893、
22894、22895、22897、22898、22899、22900、22901、22902、22903、22905、
22906、22907、22909、22914、22917、22918、22922、22925、22928、22929、
22931、22932、22933、22934、22935、22937、22938、22941、22942、22943、
22944、22946、22947、22948、22949、22953、22955、22957、22958、22959、
22963、22964、22969、22972、22973、22974、22975、22976、22977、22979、
22980、22982、22983、22986、22987、22990、22992、22995、23000、23001、
23002、23003、23004、23005、23006、23007、23010、23011、23012、23013、
23015、23016、23017、23018、23019、23020、23023、23025、23026、23027、
23030、23032、23034、23035、23036、23037、23039、23040、23041、23042、
23043、23046、23047、23048、23049、23050、23051、23053、23055、23056、
23057、23058、23068、23076、23077、23078、23079、23082、23083、23086、
23087、23088、23090、23091、23093、23094、23095、23097、23099、23100、
23101、23102、23103、23104、23106、23107、23110、23111、23112、23113、
23114、23115、23117、23118、23119、23120、23121、23122、23123、23124、
23125、23126 正、23127、23129、23130、23131、23134、23135、23136、23139、
23141、23144、23148、23149、23150、23151、23154、23155、23156、23157、
23159、23163、23165、23166、23167、23170、23171、23172、23173、23175、
23180、23181、23182、23183、23184、23185、23186、23187、23189、23190、
23191、23192、23194、23195、23196、23197、23198、23199、23200、23201、
23202、23203、23206、23207、23208、23209、23210、23211、23212、23213、
23214、23215、23216、23217、23218、23219、23220、23222、23229、23231、
23233、23234、23235、23239、23240、23241、23242、23243、23244、23245、
23247、23248、23249、23251、23253、23254、23255、23258、23261、23263、

续 表

23264、23266、23267、23268、23269、23270、23271、23274、23275、23276、
23278、23279、23283、23286、23287、23288、23289、23290、23293、23295、
23296、23298、23300、23301、23302、23303、23304、23306、23307、23308、
23309、23310、23311、23312、23313、23314、23315、23316、23319、23323、
23325、23326、23328、23329、23330、23331、23332、23333、23334、23335、
23339、23341、23342、23343、23344、23345、23347、23348、23349、23350、
23352、23353、23355、23357、23359 正反、23361、23362、23364、23365、
23366、23369、23370、23371、23372、23373、23374、23375、23376、23377、
23378、23379、23380、23381、23383、23384、23385、23386、23388、23390、
23391、23392、23393、23394、23397、23398、23399、23400、23401、23402、
23405、23406、23407、23409、23410、23411、23418、23420、23421、23423、
23425、23427、23428、23442、23444、23445、23448、23450、23451、23455、
23456、23457、23458、23460、23463、23464、23467、23468、23469、23470、
23471、23472、23473、23475、23476、23477、23479、23483、23485、23486、
23487、23488、23494、23495、23496、23498、23499、23502、23505、23506、
23511、23512、23514、23516、23517、23518、23521、23522、23523、23527、
23530、23539、23542、23544、23547、23548、23550、23551、23553、23555、
23557、23561、23566、23595、23596、23597、23602、23603、23629、23630、
23631、23632、23633、23634、23635、23636、23639、23640、23641、23642、
23643、23644、23645、23646、23648、23649、23661、23671、23676、23678、
23686、23688、23692、23693、23695、23696、23707、23721、23722、23723、
23726、23727、23728、23729、23730、23731、23733、23734、23735、23736、
23737、23738、23739、23740、23741、23742、23743、23744、23746、23748、
23749、23750、23751、23752、23753、23754、23755、23756、23757、23758、
23759、23760、23761、23762、23766、23768、23769、23771、23773 正反、
23775、23784、23787、23794、23795、23797、23798、23799、23801、23802、
23804、23807、23808、23809、23810、23811、23812、23813、23814、23815、
23816、23817、23818、23819、23820、23821、23822、23823、23824、23825、
23826、23827、23828、23829、23831、23832、23833、23834、23835、23836、
23837、23838、23839、23840、23841、23842、23843、23844、23845、23846、
23847、23848、23849、23850、23851、23852、23853、23854、23855、23856、
23857、23858、23859、23860、23861、23862、23863、23864、23865、23866、
23867、23868、23869、23870、23871、23872、23873、23874、23875、23876、
23877、23878、23879、23880、23881、23882、23883、23884、23885、23886、

23887、23888、23889、23890、23891、23892、23893、23894、23895、23896、
23898、23899、23900、23901、23902、23903、23904、23905、23906、23907、
23908、23909、23910、23911、23912、23913、23914、23915、23916、23917、
23918、23919、23920、23921、23922、23923、23924、23925、23926、23927、
23928、23929、23930、23931、23932、23933、23934、23935、23936、23937、
23938、23939、23940、23941、23942、23943、23944、23946、23947、23948、
23949、23950、23951、23952、23953、23954、23955、23956、23957、23958、
23959、23960、23961、23962、23963、23964、23965、23966、23967、23968、
23969、23970、23971、23972、23973、23974、23975、23976、23977、23978、
23979、23980、23981、23982、23983、23984、23985、23986、23987、23988、
23989、23990、23991、23992、23993、23994、23995、23996、23997、23998、
23999、24000、24001、24002、24003、24004、24006、24007、24008、24009、
24010、24011、24012、24013、24014、24015、24016、24017、24018、24019、
24020、24021、24022、24023、24024、24025、24026、24027、24028、24029、
24030、24031、24032、24033、24034、24035、24036、24037、24038、24039、
24040、24041、24042、24043、24044、24045、24046、24047、24048、24049、
24050、24051、24052、24053、24054、24055、24056、24057、24058、24059、
24060、24061、24062、24063、24064、24065、24066、24067、24068、24069、
24070、24071、24072、24073、24074、24075、24076、24077、24078、24079、
24080、24081、24082、24083、24084、24085、24086、24087、24088、24089、
24090、24091、24092、24093、24094、24095、24096、24097、24098、24099、
24101、24103、24104、24105、24106、24107、24108、24109、24110、24111、
24112、24113、24114、24115、24117、24120、24121、24122、24123、24124、
24125、24126、24127、24128、24130、24131、24135、24137、24138、24142、
24148、24152、24157、24165、24168、24169、24172、24174、24178、24181、
24184、24186、24187、24188、24190、24191、24194、24196、24202、24204、
24205、24211、24212、24222、24223、24224、24232、24234、24235、24236＋
24233、24237、24238、24246、24249、24250、24252、24259、24260、24262、
24263、24267、24272＋24275、24276、24279、24280、24281、24282、24287、
24299、24305、24306、24307、24308、24309、24310、24312、24316、24317、
24318、24340、24341、24343、24345、24346、24347、24348、24352、24355、
24356、24359、24361、24362、24364、24366、24367、24368、24369、24377、
24381、24385、24386、24387、24391、24393、24395、24398、24402、24411、
24414、24420、24424、24425、24426、24434、24440、24442、24446、24448、

续 表

24449、24450、24460、24461、24470、24471、24473、24474、24475、24476、
24477、24479、24481、24482、24483、24486、24488、24490、24491、24492、
24494、24498、24501、24502、24506、24507、24513、24515、24516、24517、
24522、24524、24527、24528、24530、24531、24532、24533、24534、24536、
24537、24538、24540、24541、24542、24543、24546、24548、24549、24551、
24555、24558、24559、24560、24562、24563、24564、24568、24569、24571、
24573、24575、24576、24577、24578、24579、24580、24582、24583、24585、
24586、24589、24593、24594、24597、24598、24601、24602、24603、24605、
24606、24608、24609、24613、24614、24620、24622、24624、24626、24631、
24632、24633、24637、24640、24648、24654、24659、24660、24661、24662、
24663、24664、24665、24666、24667、24670 正反、24671、24678、24679、
24680、24682、24685、24686、24687、24689、24692、24694、24695、24698、
24699、24700、24701、24703、24705、24707、24709、24710、24711、24712、
24713、24714、24715、24716、24717、24722、24728、24730、24731、24734、
24736、24737、24738、24745、24746、24747、24748、24751、24759、24761、
24763、24764、24769、24772、24773、24776、24778、24779、24782、24783、
24785、24789、24790、24791 ＋24803、24793、24795、24799、24801、24804、
24805、24806、24812、24815、24817、24819、24820、24821、24822、24823、
24824、24826、24831、24837、24850、24853、24856、24859、24860、24862、
24869、24872、24877、24882、24894、24897、24909、24912、24948、24966、
24971、24972、24975、24976、24982、24986、24987、24988、24990、24991、
24992、24993、24994、24995、25002、25003、25005、25006、25007、25009、
25011、25017、25018、25022、25027、25028、25037、25049、25051、25053、
25055、25056、25062、25064、25065、25066、25067、25068、25069、25070、
25071、25073、25074、25075、25076、25077、25078、25079、25080、25081、
25082、25083、25084、25085、25086、25087、25090、25091、25092、25093、
25094、25095、25096、25098、25099、25100、25101、25102、25104、25105、
25106、25107、25108、25109、25110、25111、25113、25114、25119、25120、
25121、25122、25126、25127、25129、25130、25131、25133、25134、25135、
25136、25137、25139、25140、25141、25142、25146、25147、25149、25150、
25151、25152、25153、25157、25162、25167、25168、25169、25170、25171、
25173、25175、25183、25185、25186、25187、25189、25191、25194、25196、
25197、25198、25199、25200、25204、25211、25214、25215、25217、25218、
25223、25225、25226、25227、25229、25234、25235、25236、25237、25239、

25246、25248、25251、25252、25255、25259、25260、25262、25263、25264、
25265、25266、25267、25268、25270、25271、25272、25275、25276、25277、
25278、25279、25280、25282、25284、25285、25286、25288、25290、25291、
25292、25293、25294、25295、25296、25297、25298、25299、25300、25302、
25303、25304、25305、25306、25307、25308、25309、25314、25316、25317、
25318、25319、25320、25322、25323、25324、25325、25327、25328、25329、
25330、25331、25332、25333、25339、25344、25346、25352、25354、25361、
25362、25363、25368、25372、25377、25378、25379、25380、25381、25382、
25383、25385、25386、25387、25388、25389、25390、25391、25392、25393、
25394、25395、25396、25397、25398、25399、25400、25401、25402、25403、
25404、25405、25406、25407、25410、25411、25416、25417、25418、25420、
25421、25422、25423、25424、25425、25426、25428、25429、25430、25433、
25434、25436、25437、25439、25443、25445、25446、25447、25451、25455、
25463、25466、25467、25468、25470、25471、25472、25476、25478、25479、
25480、25481、25482、25483、25484、25485、25486、25487、25488、25489、
25490、25491、25492、25493、25494、25495、25496、25497、25498、25499、
25500、25502、25503、25504、25505、25506、25508、25509、25510、25511、
25512、25513、25514、25515、25516、25521、25522、25523、25524、25525、
25526、25527、25529、25532、25534、25539、25540、25541、25542、25544、
25545、25546、25547、25548、25549、25550、25551、25552、25553、25554、
25555、25556、25557、25558、25559、25562、25567、25568、25569、25570、
25572、25573、25574、25576、25577、25578、25579、25580、25581、25582、
25583、25584、25585、25586、25587、25589、25590、25593、25595、25596、
25597、25598、25600、25601、25603、25604、25607、25609、25610、25611、
25614、25615、25617、25619、25620、25621、25623、25625、25626、25627、
25632、25640、25641、25643、25644、25645、25646、25647、25648、25651、
25653、25654、25655、25656、25657、25658、25659、25660、25664、25666、
25667、25668、25669、25670、25672、25673、25674、25675、25676、25677、
25678、25679、25680、25681、25682、25683、25684、25685、25686、25687、
25688、25689、25690、25691、25693、25694、25695、25696、25698、25699、
25700、25701、25702、25703、25704、25705、25707、25708、25709、25710、
25711、25712、25713、25714、25715、25716、25718、25719、25721、25722、
25723、25727、25728、25729、25731、25732、25733、25735、25736、25737、
25739、25740、25741、25742、25743、25748、25750、25754、25756、25757、

续　表

25758、25759、25761、25766、25767、25780、25781、25792、25793、25794、
25795、25796、25797、25800、25801、25804、25805、25806、25807、25808、
25809、25810、25811、25812、25815、25816、25820、25821、25823、25824、
25826、25827、25828、25829、25830、25831、25832、25833、25834、25836、
25837、25838、25840、25844、25846、25851、25852、25854、25855、25856、
25857、25859、25868、25869、25871、25873、25874、25875、25876、25883、
25884、25885、25886、25891、25893、25897、25899、25903、25905、25911、
25913、25914、25922、25927、25940、25952、25957、25958、25961、25962、
25966、25973、25975、25979、25981、25982、25988、25989、25990、25991、
25992、25994、25995、25998、26002、26004、26005、26016、26019、26020、
26021、26025、26027、26030、26031、26035、26038、26044、26047、26049、
26051、26052、26053、26057、26062、26063、26066、26068、26069、26073、
26074、26076、26078、26081、26082、26088、26101、26102、26103、26104、
26106、26107、26108、26109、26110、26112、26114、26115、26118、26120、
26122、26123、26124、26125、26127、26130、26131、26132、26133、26135、
26136、26140、26141、26142、26143、26144、26145、26146、26147、26148、
26150、26155、26159、26161、26164、26165、26167、26168、26170、26171、
26172、26173、26174、26176、26177、26182、26183、26185、26187、26188、
26190、26191、26193、26196、26197、26200、26202、26204、26208、26209、
26210、26211、26212、26213、26214、26215、26216、26217、26218、26220、
26221、26222、26223、26224、26225、26226、26228、26229、26231、26232、
26233、26235、26237、26238、26240、26242、26243、26244、26245、26246、
26247、26248、26249、26250、26251、26252、26253、26255、26256、26257、
26258、26259、26260、26261、26262、26265、26266、26267、26268、26269、
26270、26271、26272、26273、26274、26275、26276、26277、26278、26279、
26280、26281、26282、26283、26285、26287、26288、26290、26291、26292、
26293、26294、26295、26297、26299、26300、26301、26303、26304、26305、
26306、26307、26308、26309、26310、26311、26312、26314、26315、26316、
26317、26318、26319、26321、26323、26324、26326、26327、26328、26329、
26332、26334、26335、26336、26338、26339、26340、26341、26342、26343、
26344、26345、26346、26347、26349、26350、26351、26352、26353、26354、
26355、26356、26357、26358、26359、26361、26365、26366、26367、26368、
26369、26370、26372、26403、26404、26406、26413、26414、26415、26416、
26417、26418、26419、26420、26421、26422、26423、26425、26430、26433、

26434、26437、26438、26442、26446、26448、26450、26452、26455、26456、
26457、26462、26464、26469、26471、26472、26473、26475、26476、26477、
26478、26479、26480、26481、26483、26484、26488、26489、26490、26492、
26493、26494、26495、26496、26497、26498、26499、26500、26501、26503、
26504、26505、26507、26508、26509、26510、26512、26513、26514、26515、
26516、26518、26519、26520、26521、26522、26523、26524、26525、26526、
26527、26528、26529、26530、26531、26532、26533、26534、26535、26536、
26537、26552、26591、26615、26616、26618、26619、26622、26623、26624、
26625、26626、26697、26702、26705、26707、26709、26710、26711、26716、
26718、26719、26721、26722、26724、26725、26726、26728、26729、26730、
26732、26733、26734、26736、26738、26739、26741、26748、26749、26754、
26756、26757、26758、26759、26760、26761、26805、26806、26810、26814、
26815、26817、26818、26823、26825、26832、26833、26843、26845、26850、
26852、26853、26857、26858、26859、26860、26861、26868、26871、26872、
26876、26877、27708、28589、39590、40538、40917、40919、40922、40930、
40934、40942、40944、40945、40946、40947、40949、40951、40952、40953、
40955、40956、40958、40960、40963、40965、40966、40969、40971、40974、
40976、40983、40987、40988、40989、40991、40992、40996、41003、41004、
41007、41030、41033、41034、41042、41044、41045、41046、41047、41049、
41050、41051、41052、41054、41055、41056、41057、41058、41077、41079、
41094、41116、41117、41121、41123、41124、41133、41134、41140、41142、
41143、41148、41160、41166、41167、41168、41170、41171、41174、41175、
41177、41180、41181、41187、41190、41191、41195、41199、41200、41201、
41202、41205、41206、41207、41208、41210、41212、41213、41222、41237、
41239、41240、41241、41242、41243、41244、41245、41246、41247、41255、
41256、41257、41258、41260、41261、41263、41265、41269、41270、41274、
41276、41278、41279、41282、41285

《合补》64、3153、4781、6956、6964、6967、6968、6972、6973、6974、6975、
6976、6977、6978、6980、6984、6985、6990、6991、6994、7000、7004、7006、
7007、7009、7011、7012、7015、7017、7019、7020、7023、7029、7031、7035、
7038、7039、7049、7050、7052、7092、7100、7108、7109、7110、7112、7113、
7116、7118、7121、7122、7123、7124、7125、7126、7127、7128、7129、7131、
7132、7133、7135、7136、7137、7138、7139、7140、7141、7149、7156、7158、
7159、7160、7162、7163、7164、7166、7167、7170、7174、7181、7184、7185、

7186、7187、7189、7190、7191、7192、7193、7194、7196、7197、7199、7200、
7202、7205、7206、7207、7209、7210、7211、7212、7213、7214、7215、7217、
7218、7220、7223、7224、7226、7227、7229、7230、7231、7236、7239、7249、
7251、7255、7256、7257、7258、7260、7261、7264、7269、7273、7274、7277、
7278、7287、7289、7291、7292、7294、7295、7297、7299、7307、7312、7314、
7319、7322、7323、7326、7327、7328、7337、7340、7342、7344、7346、7348、
7359、7372、7373、7380、7391、7396、7397、7400、7419、7420、7422、7426、
7430、7432、7438、7448、7449、7450、7455、7459、7466、7467、7468、7488、
7489、7492、7495、7500、7501、7502、7506、7510、7513、7516、7518、7520、
7528、7530、7531、7533、7536、7538、7542、7548、7551、7552、7553、7556、
7557、7558、7565、7566、7568、7571、7574、7575、7576、7577、7578、7579、
7582、7583、7585、7587、7588、7589、7591、7592、7593、7594、7595、7597、
7598、7599、7601、7602、7607、7609、7610、7611、7612、7615、7616、7617、
7618、7622、7625、7626、7627、7629、7630、7632、7634、7637、7640、7642、
7644、7646、7647、7649、7650、7652、7655、7656、7657、7658、7660、7661、
7662、7666、7667、7669、7671、7672、7673、7674、7678、7681、7683、7684、
7686、7688、7695、7697、7698、7699、7700、7702、7705、7706、7709、7719、
7720、7721、7722、7723、7724、7727、7729、7730、7731、7732、7734、7735、
7736、7737、7738、7741、7745、7753、7754、7759、7760、7769、7770、7771、
7772、7774、7775、7777、7778、7779、7780、7781、7782、7783、7787、7790、
7791、7793、7796、7797、7799、7800、7802、7803、7805、7806、7807、7808、
7809、7810、7812、7814、7816、7818、7819、7820、7821、7822、7823、7825、
7827、7829、7830、7832、7834、7836、7837、7838、7840、7841、7843、7844、
7846、7848、7849、7850、7852、7853、7856、7857、7858、7862、7868、7869、
7874、7876、7877、7878、7879、7880、7881、7885、7886、7887、7889、7891、
7892、7893、7894、7895、7896、7899、7901、7902、7905、7906、7907、7909、
7910、7911、7912、7914、7917、7920、7921、7923、7924、7927、7928、7929、
7930、7945、7948、7949、7950、7952、7953、7954、7955、7961、7962、7963、
7964、7965、7966、7967、7970、7975、7977、7980、7982、7985、7987、7988、
7992、7994、7995、7996、8000、8001、8004、8008、8009、8012、8013、8018、
8022、8023、8024、8029、8030、8033、8034、8036、8038、8039、8040、8043、
8046、8047、8049、8051、8053、8056、8057、8058、8065、8073、8074、8075、
8077、8079、8080、8081、8082、8083、8084、8086、8088、8090、8092、8094、
8095、8096、8099、8100、8101、8102、8104、8105、8111、8112、8115、8116、

8117、8120、8121、8122、8123、8124、8129、8140、8142、8147、8149、8151、
8152、8157、8168、8176、8177、8178、8179、8182、8186、8187、8189、8190、
8192、8196、8198、8210、8215、8216、8219、8221、8222、8223、8225、8247、
8256、8262、8266、8267、8269、8271、8273、8276、8277、8280、8282、8283、
8284、8285、8286、8287、8289、8300、8301、8302、8303、8304、8305、8306、
8307、8308、8309、8310、8311、8312、8313、8314、8315、8316、8317、8318、
8320、8321、8322、8323、8324、8325、8326、8327、8328、8329、8330、8331、
8332、8333、8334、8335、8336、8337、8338、8339、8340、8342、8343、8344、
8345、8346、8347、8348、8349、8350、8351、8352、8353、8354、8355、8356、
8357、8358、8359、8360、8361、8362、8363、8364、8365、8366、8367、8368、
8369、8370、8371、8372、8374、8375、8376、8377、8379、8380、8381、8383、
8384、8385、8386、8388、8389、8392、8394、8395、8396、8398、8399、8400、
8402、8403、8404、8405、8406、8407、8408、8409、8410、8411、8412、8413、
8414、8416、8417、8418、8419、8420、8421、8424、8425、8426、8428、8429、
8430、8431、8432、8435、8436、8438、8439、8440、8441、8442、8443、8444、
8445、8446、8448、8449、8450、8451、8452、8453、8454、8455、8456、8458、
8459、8460、8461、8462、8464、8465、8466、8467、8468、8469、8470、8471、
8472、8473、8474、8475、8478、8479、8480、8483、8484、8485、8486、8487、
8488、8489、8490、8491、8492、8493、8494、8495、8496、8497、8498、8500、
8501、8502、8503、8505、8506、8507、8508、8509、8510、8511、8512、8513、
8514、8515、8516、8517、8518、8520、8521、8522、8523、8524、8525、8526、
8527、8528、8530、8531、8532、8533、8534、8535、8536、8537、8538、8539、
8540、8541、8542、8545、8546、8547、8548、8549、8550、8551、8552、8553、
8554、8555、8556、8557、8558、8560、8562、8564、8565、8567、8568、8569、
8570、8571、8572、8573、8574、8575、8577、8579、8582、8588、8591、8592、
8595、8596、8598、8599、8602、8603、8604、8605、8609、8615、8618、8619、
8620、8625、8626、8637、8640、8642、8648、8650、8653、8658、8659、8660、
8661、8663、8674、8677、8678、8679、8681、8682、8685、8686、8689、8691、
8694、8698、8701、8702

《英藏》1923、1928、1929、1930、1932、1933、1934、1935、1937、1938、1941、
1942、1947、1949、1950、1951、1952、1960、1962、1964、1966、1982、2001、
2002、2003、2004、2005、2006、2007、2008、2009、2010、2011、2012、2013、
2014、2015、2016、2017、2018、2019、2020、2021、2023、2024、2025、2027、
2028、2030、2031、2035、2039、2041、2042、2045、2047、2056、2059、2061、

2064、2078、2086、2093、2094、2099、2100、2101、2102、2107、2108、2110、
2113、2114、2117、2118、2120、2121、2122、2123、2124、2126、2131、2132、
2136、2140、2141、2142、2143、2145、2146、2147、2152、2153、2154、2156、
2159、2160、2163、2164、2165、2168、2170、2178、2193、2194、2196、2206、
2207、2208、2209、2210、2211、2212、2213、2214、2215、2217、2219、2220、
2221、2222、2230、2231、2236、2242、2244、2246、2248、2249、2253、2254

《上博》2426.317、2426.382、2426.479、2426.561、2426.615、2426.874、
2426.886、2426.919、2426.924、2426.948、2426.1116、2426.1119、2426.1418、
2426.1480、17646.8、17645.24、17645.91、17645.97、17645.153、17645.178、
17645.199、17645.300、17645.330、17647.367、17647.383、17647.416、
17647.418、17647.422、17647.430、17647.431、17645.459、17647.494、
17647.516、17647.524、17647.528、17647.536、17647.538、17647.541、
17647.563、17645.755、17645.938、17645.910、17645.968、33174.4、43982、
46457、48724.43、48724.45、48947.16、49003.214、54787.20、54788.10、
54789.2、54796.22、54798.2、54803.4、61418.8、67761.17

《京津》3386

《辑佚》10、227、272、297、298、302、303、304、305、306、308、309、310、311、
312、316、318 正反、319、320、321、333、335、339、342、343、344、346、347、
352、354、355、356、358、359、361、362、363、365、366、368、369、371、374、
380、386、391、395、397、400、403、406、407、408、411、413、414、420、422、
423、427、428、433、441、448、452、453、455、460、462、464、465、466、467、
470、472、475、476、477、478、480、482、484、487、489、492、497、499、501、
502、503、505、506、508、509、514、517、520、521、530、532、535、538、540、
541、543、544

《拾遗》237、238、239、241、242、244、245、246、247、248、259、262、268、274、
276、282、284、286、296、297、301、302、303、304、306、307、308、309、310、
312、313、314、315、316、317、318、319、322、323、324、325、326、327、328、
329、330、331、333、335、336、338、339、340、341、342、343、346、348、349、
350、351、352、353、354、355、356、357、358、359、360、361、362、363、364、
371、374、375、377、378、379、380、381、382、383、385、386、388、389、390、
391、393、394、400、403

《掇三》118、324、325、327、328、336、338、348、463、464、465、466、468、469、470、474、475、476、570、571、573、574、615、623、799、801、805、806、809
《掇二》103、390
《北大》85、265、315、350、352、353、368、369、370、371、374、376、380、383、386、388、391、392、395、396、397、398、399、400、404、405、406、407、410、411、412、413、415、417、418、420、421、422、423、424、425、426、428、443、1095、1172、1176、1179、1180、1182、1183、1185、1191、1201、1202、1204、1205、1206、1207、1208、1209、1210、1212、1213、1214、1215、1216、1217、1218、1219、1220、1221、1222、1223、1845、1846、1847、1848、1849、1850、2550、2551、2552、2553、2554、2556、2557、2802、2804、2805、2809、2811、2815、2819、2825、2826、2827、2829、2833、2835、2835、2841、遗失 6
《天理》336、337、339、367、369、372、374、375、381、382、383、408、409、410、421、422、429、663、670
《瑞典》56、57、58、59、60、66、67、68、70、73
《安明》1061、1092、1097、1170、1176、1177、1181、1182、1185、1186、1189、1191、1193、1196、1197、1200、1204、1206、1207、1209、1213、1217、1218、1226、1234、1236、1237、1238、1243、1245、1246、1248、1250、1264、1268、1274、1275、1281、1282、1283、1284、1286、1290、1293、1296、1304、1310、1315、1316、1318、1324、1325、1329、1333、1334、1335、1336、1337、1338、1340、1342、1344、1347、1348、1349、1351、1355、1361、1365、1366、1374、1377、1380、1384、1385、1388、1389、1390、1395、1398、1399、1402、1406、1414、1420、1425、1427、1429、1432、1443、1449、1450、1453、1457、1468、1470、1472、1474、1475、1476、1483、1484、1488、1489、1490、1491、1492、1494、1495、1496、1497、1498、1515、1540、1543、1565、1566、1567、1568、1569、1570、1572、1573、1574、1575、1576、1580、1583、1586、1588、1589、1591、1592、1605、1613、1630、1636、1637、1638、1642、1643、1645
《俄罗斯》21、24、26、28、29、30、31、33、35、36、37、40、41、42、45、48、49、50、51、52、53、54、56、57、59、61、63、66、70、71、72、73、74、75、76、77、78、79、80、82、83、84、85、86、87、88、89、90、91、92、93、94、95、109、110、111、113、114、117、119、121、123、129、133、136、137

《史购》19、188、198、202、203、204、205、206、207

《东洋》296、306、311、312、314、315、317、319、321、324、334、336、337、338、339、340、341、342、349、351、353、363

《旅博》1336、1337、1338、1341、1342、1345、1348、1354、1355、1364、1365、1366、1367、1372、1373、1374、1375、1376、1377、1378、1379、1382、1383、1384、1385、1386、1387、1388、1389、1390、1391、1392、1393、1394、1395、1396、1397、1398、1400、1401、1402、1403、1404、1405、1406、1407、1408、1409、1410、1411、1412、1414、1428、1433、1434、1435、1436、1437、1438、1439、1442、1443、1444、1445、1447、1450、1451、1453、1454、1455、1456、1458、1459、1461、1462、1466、1467、1468、1471、1472、1473、1474、1475、1476、1477、1478、1479、1480、1485、1486、1487、1489、1502、1504、1506、1510、1515、1516、1524、1528、1538、1540、1541、1542、1544、1546、1547、1549、1550、1551、1553、1555、1556、1557、1558、1559、1561、1562、1565、1597、1602、1608、1617、1623、1625、1627、1628、1631、1632、1633、1636、1637、1638、1639、1644、1646、1647、1653、1655、1659、1660、1661、1662、1663、1666、1668、1669、1670、1672、1673、1674、1676、1677、1678、1683、1684、1687、1688、1691、1692、1693、1695、1696、1698、1699、1700、1713、1714、1715、1716、1717、1718、1719、1722、1724、1725、1728、1729、1733、1734、1736、1737、1916

《张世放》203、204、206、207、209、213、214、219、220、221、222、230、234、236、240、272

《京人》245、1276、1288、1289、1291、1296、1297、1301、1302、1303、1304、1305、1307、1308、1309、1314、1315、1317、1327、1330、1338、1339、1347、1352、1357、1359、1389、1395、1396、1403、1419、1421、1423、1429、1434、1444、1447、1449、1450、1451、1453、1454、1456、1458、1471、1473、1474、1475、1479、1480、1482、1484、1485、1486、1487、1488、1489、1490、1491、1492、1493、1494、1495、1497、1498、1499、1500、1501、1502、1503、1504、1505、1506、1507、1508、1509、1510、1511、1512、1515、1516、1517、1520、1523、1527、1528、1533、1534、1536、1568、1570、1573、1577、1590、1603、1604、1605、1606、1614、1615、1617、1619、1620、1621、1622、1623、1624、1625、1640、1643、1644、1646、1648、1651、1652、1654、1655、1657、1658、1659、1660、1661、1662、1663、1664、1668、1670、1671、1672、1673

《卡博》128、133、208、221、228、229、260、305、331

《怀特》1014、1018、1020、1022、1028、1041、1044、1046、1049、1055、1064、1072、1073、1082、1086、1090、1095、1096、1104、1114、1117、1122、1133、1136、1156、1158、1161、1166、1167、1168、1169、1171、1178、1181、1182、1183、1184、1187、1188、1191、1194、1195、1196、1201、1202、1210、1220、1221、1228、1229、1236、1244、1246、1290、1292、1293、1294

《契》325、327、330、331、332、339、452、476、486、599、714、759

《东大》627、636、640、641、662、649、1187、1189、1195、1216、1227、1228、1229、1231、1233、1238

《重博》119、121、122、123、125、127、128、131

《笏二》73、169、176、188、233、279、390、526、534、535、575、595、600、643、645、647、674、690、711、734、745、759、792、799、810、843、884、949、966、1564

《历史所》1353、1378、1379、1380、1382、1387、1394、1397、1407、1462、1463、1465、1466、1474、1484、1486、1487、1492、1494、1495

《掇一》356

《屯南》附 15

出组二类附属：

《合集》25089、25208、25638、25898、26006、26045、26050、26058、26089、26862、40938，《合补》7010、7018、7046、7325、7246、7253、7290、7302、7336、7442、7491、7519、7623、7944、8580，《安明》1205、1254、1270、1273、1362、1375、1518、1542、1552、1553，《京人》1204、1294、1385、1387、1388、1397、1465，《瑞典》64，《北大》266、367、377、379、2813，《怀特》1021、1031、1030、1078，《旅博》1347、1360、1361、1371、1448、1449、1481、1518、1519、1520、

续　表

1536、1539、1629、1630、1654、1675、1707、1708、1709、1710、1711、1712、1721,《辑佚》481、486、496,《拾遗》253、264、266、269、283、294、392、402,《历史所》1389、1393、1427、1481,《英藏》2216、2218、2040、2054、2201,《天理》399、428,《上博》17647·485,《掇一》361,《俄罗斯》69、132、134

三、引书简称表

全　　　称	简　　称
《甲骨文合集》	《合集》
《甲骨文合集补编》	《合补》
《小屯南地甲骨》	《屯南》
《北京大学珍藏甲骨文字》	《北大》
《东京大学东洋文化研究所藏甲骨文字》	《东大》
《东洋文库所藏甲骨文字》	《东洋》
《俄罗斯国立爱米塔什博物馆藏殷墟甲骨》	《俄罗斯》
《怀特氏等所藏甲骨文集》	《怀特》
《殷契卜辞》	《契》
《甲骨续存》	《续存》
《殷契拾掇》	《掇一》
《殷契拾掇二编》	《掇二》
《殷契拾掇三编》	《掇三》
《京都大学人文科学研究所藏甲骨文字》	《京人》

全　　称	简　称
《旅顺博物馆所藏甲骨》	《旅博》
《明义士收藏甲骨文字》	《安明》
《瑞典斯德哥尔摩远东古物博物馆藏甲骨文字》	《瑞典》
《上海博物馆藏甲骨文字》	《上博》
《史语所购藏甲骨集》	《史购》
《天理大学附属天理参考馆藏品》	《天理》
《殷墟文字甲编》	《甲》
《殷墟甲骨辑佚·安阳民间藏甲骨》	《辑佚》
《殷墟甲骨拾遗》	《拾遗》
《英国所藏甲骨集》	《英藏》
《战后京津新获甲骨集》	《京津》
《张世放所藏殷墟甲骨》	《张世放》
《中国社会科学院历史语言所藏甲骨》	《历史所》
《甲骨拼合续集》	《拼续》
《甲骨拼合三集》	《拼三》
《甲骨拼合四集》	《拼四》
《甲骨拼合五集》	《拼五》
《甲骨缀合汇编》	《缀汇》
《甲骨缀合集》	《缀集》

全　　　称	简　称
《甲骨缀合续集》	《缀续》
《卡内基博物馆所藏甲骨研究》	《卡博》
《醉古集——甲骨的缀合与研究》	《醉古》
《契合集》	《契合》
《重庆三峡博物馆藏甲骨集》	《重博》
《笏之甲骨拓本集一》	《笏一》
《笏之甲骨拓本集二》	《笏二》
《遗址的发现与发掘·丁编——甲骨坑层之一（一至九次出土甲骨）》	《坑层》
《遗址的发现与发掘·丁编——甲骨坑层之一附图（一至九次出土甲骨）》	《附图》

参 考 文 献

（一）甲骨著录书

刘鹗：《铁云藏龟》，抱残守缺斋石印本，1903 年；又上海蟫隐庐石印本，1931 年。

罗振玉：《殷虚书契》，《国学丛刊》石印本，1911 年；又影印本，1913 年。

罗振玉：《殷虚书契菁华》，珂罗版影印，1914 年；2015 年收入中华书局出版的《殷墟书契五种》中册。

罗振玉：《殷虚书契后编》，《艺术丛编》第一集本，珂罗版影印，1916 年；又台湾艺文印书馆重印，1970 年；2015 年收入中华书局出版的《殷虚书契五种》中册。

［加］明义士：《殷虚卜辞》，自写石印本，1917 年；又上海别发洋行石印本；台湾艺文印书馆影印本，1980 年。

［日］林泰辅：《龟甲兽骨文字》，日本商周遗文会影印本，1921 年；又北京富晋书社翻印本，1930 年。

叶玉森：《铁云藏龟拾遗》，石印本，1925 年；又香港书店影印本一册，1972 年。

郭沫若：《卜辞通纂》，日本东京文求堂，石印本，1933 年。

罗振玉：《殷虚书契续编》，珂罗版影印，1933 年；又台湾艺文印书馆重印，1970 年；2015 年收入中华书局出版的《殷虚书契五种》中册和下册。

商承祚：《殷契佚存》，金陵大学中国文化研究所丛刊甲种，珂罗版影印拓本，1933 年；又日本东京影印本，1966 年。

黄濬：《邺中片羽》初集，珂罗版影印，1935 年；二集，珂罗版影印，1937 年；三集，珂罗版影印，1942 年。

郭沫若：《殷契粹编》，日本东京文求堂，石印本，1937 年；又中国科学院考古研究所编辑，考古学专刊甲种第二号，科学出版社，1965 年。

孙海波：《甲骨文录》，河南通志馆影印本二册，1938 年；又台湾艺文印书馆翻印本。

唐兰：《天壤阁甲骨文存》，北京辅仁大学丛书之一，1939 年。

曾毅公：《甲骨叕存》，齐鲁大学国学研究所，1939 年。

李旦丘：《铁云藏龟零拾》，孔德图书馆丛书第二种，上海中法文化出版委员会影印本一册，1939 年。

孙海波：《诚斋殷墟文字》，北京修文堂书店影印本一册，1940 年。

于省吾：《双剑誃古器物图录》，北京函雅堂影印本二卷二册，1940 年；又台湾艺文印书馆翻印本，1976 年。

李孝定：《中央大学史学系所藏甲骨文字》，石印本，1940 年。

〔日〕梅原末治：《河南安阳遗宝》，影印本，1940 年；又 1984 年收入梅原末治《考古图录集》第七种。

胡厚宣：《甲骨六录》，齐鲁大学国学研究所专刊之一，1945 年；又收入《甲骨学商史论丛》三集。

胡厚宣：《战后平津新获甲骨集》，齐鲁大学国学研究所专刊之一，1946 年；又收入《甲骨学商史论丛》四集。

董作宾：《殷墟文字甲编》，"中研院"历史语言研究所，商务印书馆，1948 年；又 1976 年"中研院"历史语言研究所重印本。

董作宾：《殷墟文字乙编》上辑，"中研院"历史语言研究所，商务印书馆,1948 年;又 1994 年"中研院"历史语言研究所重印本。

董作宾:《殷墟文字乙编》中辑,"中研院"历史语言研究所,商务印书馆,1949 年;又 1994 年"中研院"历史语言研究所重印本。

胡厚宣:《战后宁沪新获甲骨集》,来薰阁书店,1951 年。

胡厚宣:《战后南北所见甲骨录》,来薰阁书店,1951 年。

董作宾:《殷墟文字乙编》下辑,"中研院"历史语言研究所,台湾艺文印书馆,1953 年;又 1956 年中国科学院考古研究所编辑,考古学特刊第四号,科学出版社翻印;1994 年"中研院"历史语言研究所重印本。

胡厚宣:《战后京津新获甲骨集》,群联出版社,1954 年。

胡厚宣:《甲骨续存》,群联出版社,1955 年。

饶宗颐:《巴黎所见甲骨录》,香港大学中文系,1956 年。

张秉权:《殷墟文字丙编》,"中研院"历史语言研究所,1957 年上辑(一)、1959 年上辑(二),1962 年中辑(一)、1965 年中辑(二),1967 年下辑(一)、1972 年下辑(二);又 1992 年"中研院"历史语言研究所出版《丙编》上中下辑的重印本。

饶宗颐:《海外甲骨录遗》,香港大学出版社,1958 年。

[日] 贝塚茂树:《京都大学人文科学研究所藏甲骨文字》,日本京都大学人文科学研究所,1959 年。

饶宗颐:《欧美亚所见甲骨录存》,新加坡《南洋大学学报》1970 年第 4 期。

[加] 许进雄:《明义士收藏甲骨文字》,加拿大皇家安大略博物馆,1972 年。Hsu Chin-hsiung. *The Menzies collection of Shang Dynasty Oracle Bones*,Canada:Hunter Rose Company,1972.

严一萍:《铁云藏龟新编》,台湾艺文印书馆,1975 年。

周鸿翔:《美国所藏甲骨录》,美国加利福尼亚大学,1976 年。

郭沫若主编：《甲骨文合集》，中华书局，1978—1983年。

〔加〕许进雄：《怀特氏等收藏甲骨文集》，加拿大皇家安大略博物馆，1979年。Hsu Chin-hsiung. Oracle bones from the White and other collections，Canada：Hunter Rose Company，1979.

严一萍：《商周甲骨文总集》，台湾艺文印书馆，1983年。

中国社会科学院考古研究所：《小屯南地甲骨》，中华书局，1983年。

〔法〕雷焕章：《法国所藏甲骨录》，台北光启出版社，1985年。

中国社会科学院历史研究所、伦敦大学亚非学院：《英国所藏甲骨集》，中华书局，1985年。

〔日〕伊藤道治：《天理大学附属天理参考馆藏甲骨文字》，天理时报社，1987年。

胡厚宣：《苏德美日所见甲骨集》，四川辞书出版社，1988年。

钟柏生：《殷墟文字乙编补遗》，"中研院"历史语言研究所，1995年。

胡厚宣：《甲骨续存补编》，天津古籍出版社，1996年。

〔日〕荒木日吕子：《中岛玉振旧藏甲骨片》，东京创荣出版（株），1996年。

〔法〕雷焕章：《德瑞荷比所藏一些甲骨录》，台湾利氏学社、台北光启出版社，1997年。

刘敬亭、贺伟：《山东省博物馆珍藏甲骨墨拓集》，齐鲁书社，1998年。

李学勤、齐文心、艾兰：《瑞典斯德哥尔摩远东古物博物馆藏甲骨文字》，中华书局，1999年。

彭邦炯、谢济、马季凡：《甲骨文合集补编》，语文出版社，1999年。

中国社会科学院考古研究所：《殷墟花园庄东地甲骨》，云南人民出版社，2003年；又修订本，2016年。

曹玮：《周原甲骨文》，世界图书出版公司，2002 年。

郭青萍：《洹宝斋所藏甲骨》，内蒙古人民出版社，2006 年。

中国国家博物馆：《中国国家博物馆馆藏文物研究丛书：甲骨卷》，上海古籍出版社，2007 年。

焦智勤、段振美、党相魁等：《殷墟甲骨辑佚》，文物出版社，2008 年。

李钟淑、葛英会：《北京大学珍藏甲骨文字》，上海古籍出版社，2008 年。

濮茅左：《上海博物馆藏甲骨文字》，上海辞书出版社，2009 年。

宋镇豪：《张世放所藏殷墟甲骨集》，线装书局，2009 年。

宋镇豪、朱德天：《云间朱孔阳藏戢寿堂殷虚文字旧拓》，线装书局，2009 年。

宋镇豪：《中国社会科学院历史所藏甲骨集》，上海古籍出版社，2011 年。

中国社会科学院考古研究所：《殷墟小屯村中村南甲骨》，云南人民出版社，2012 年。

俄罗斯国立爱米塔什博物馆、中国社会科学院历史研究所：《俄罗斯国立爱米塔什博物馆藏殷墟甲骨》，上海古籍出版社，2013 年。

中国社会科学院甲骨学殷商史研究中心、旅顺博物馆：《旅顺博物馆所藏甲骨》，上海古籍出版社，2014 年。

罗振玉、罗福颐：《殷虚书契五种》，中华书局，2015 年。

周忠兵：《卡内基博物馆所藏甲骨研究》，上海人民出版社，2015 年。

宋镇豪：《殷墟甲骨拾遗》，中国社会科学出版社，2015 年。

宋镇豪：《笏之甲骨拓本集》，上海古籍出版社，2016 年。

宋镇豪：《重庆三峡博物馆所藏甲骨集》，上海古籍出版社，2016 年。

宋镇豪：《徐宗元尊六室甲骨拓本集》，上海古籍出版社，2018 年。

宋镇豪：《符凯栋所藏殷墟甲骨》，上海古籍出版社，2018 年。

吕静主编，葛亮编著：《复旦大学藏甲骨集》，上海古籍出版社，2019 年。

安阳博物馆：《安阳博物馆藏甲骨》，西泠印社出版社，2019 年。

曾毅公：《甲骨缀合编》，修文堂书房，1950 年。

郭若愚、曾毅公、李学勤：《殷墟文字缀合》，科学出版社，1955 年。

严一萍：《甲骨缀合新编》，台湾艺文印书馆，1975 年。

严一萍：《甲骨缀合新编补》，台湾艺文印书馆，1976 年。

蔡哲茂：《甲骨缀合集》，台湾乐学书局，1999 年。

蔡哲茂：《甲骨缀合续集》，台湾文津出版社，2004 年。

蔡哲茂：《甲骨缀合汇编》，台湾花木兰文化出版社，2011 年。

黄天树：《甲骨拼合集》，学苑出版社，2010 年。

黄天树：《甲骨拼合续集》，学苑出版社，2011 年。

黄天树：《甲骨拼合三集》，学苑出版社，2013 年。

林宏明：《醉古集——甲骨的缀合与研究》，台湾万卷楼图书股份有限公司，2011 年。

林宏明：《契合集》，台湾万卷楼图书股份有限公司，2013 年。

黄天树：《甲骨拼合四集》，学苑出版社，2016 年。

黄天树：《甲骨拼合五集》，学苑出版社，2019 年。

（二）类编与工具书

白于蓝：《殷墟甲骨刻辞摹释总集校订》，福建人民出版社，2004 年。

董作宾、胡厚宣：《甲骨年表》，"中研院"历史语言研究所单刊乙种之四，商务印书馆，1937 年。

高明：《古文字类编》，中华书局，1980 年；又增订本，上海古籍出版社,2008年。

　　何景成:《甲骨文字诂林补编》,中华书局,2017年。

　　胡厚宣:《五十年甲骨学论著目》,中华书局,1952年。

　　胡厚宣等:《甲骨文合集材料来源表》,中国社会科学出版社,1999年。

　　黄德宽:《古文字谱系疏证》,商务印书馆,2007年。

　　甲骨文研究资料汇编编委会:《甲骨文研究资料汇编》,国家图书馆出版社,2008年。

　　金祥恒:《续甲骨文编》,台湾艺文印书馆,1959年;后收入《金祥恒先生全集》第五册,台湾艺文印书馆,1990年。

　　李学勤主编:《字源》,天津古籍出版社,2012年。

　　李宗焜:《甲骨文字编》,中华书局,2012年。

　　刘兴隆:《新编甲骨文字典》,国际文化出版公司,1993年。

　　刘一曼、郭振录、徐自强:《北京图书馆藏甲骨文书籍提要》,书目文献出版社,1988年;又刘一曼、韩江苏合著增订本,上海古籍出版社,2017年。

　　刘钊:《新甲骨文编(增订本)》,福建人民出版社,2014年。

　　罗振玉:《殷虚书契待问编》,自写影印本,1916年;后收入《罗雪堂先生全集》三编第三册,台北大通书局出版,1970年。

　　孟世凯:《甲骨学辞典》,上海人民出版社,2009年。

　　孟世凯:《甲骨学小词典》,上海辞书出版社,1987年。

　　濮茅左:《甲骨学与商史论著目录》,上海古籍出版社,1991年。

　　齐航福、章秀霞:《殷墟花园庄东地甲骨刻辞类纂》,线装书局,2011年。

　　饶宗颐:《甲骨文通检》,香港中文大学出版社,1989—1999年。

　　商承祚:《殷墟文字类编》,决定不移轩自刻本,1923年;又删校本,1927年;台湾艺文印书馆影印本,1971年。

沈建华、曹锦炎：《甲骨文字形表》，上海辞书出版社，2008年；又增订版，2017年。

沈建华、曹锦炎：《新编甲骨文字形总表》，上海辞书出版社，2001年。

宋镇豪、常耀华：《百年甲骨学论著目》，语文出版社，1999年。

宋镇豪、段志洪主编：《甲骨文献集成》，四川大学出版社，2001年。

孙海波：《甲骨文编》，哈佛燕京学社，1934年初版；又修订版，中华书局，1965年。

唐兰：《甲骨文自然分类法简编》，山西教育出版社，1999年。

王襄：《簠室殷契类纂》，天津博物院据王氏摹写本石印本，1920年；增订本，1929年。

肖楠：《甲骨学论著目录（一九四九——一九七九）》，载《古文字研究》第一辑，中华书局，1979年。

徐中舒：《甲骨文字典》，四川辞书出版社，1988年。

徐中舒主编：《汉语古文字字形表》，中华书局，1981年。

杨郁彦：《甲骨文合集分组分类总表》，台湾艺文印书馆，2005年。

姚孝遂主编：《殷墟甲骨刻辞类纂》，中华书局，1989年。

姚孝遂主编：《殷墟甲骨刻辞摹释总集》，中华书局，1988年。

于省吾：《甲骨文字诂林》，中华书局，1996年。

张玉金：《甲骨文虚词词典》，中华书局，1994年。

赵诚：《甲骨文简明词典——卜辞分类读本》，中华书局，1988年。

朱芳圃：《甲骨学文字编》，商务印书馆，1933年。

〔日〕岛邦男：《殷墟卜辞综类》，日本汲古书院，1967年；增订本，1971年；重印增订本，1977年。

〔日〕高岛谦一：《殷虚文字丙编通检》，"中研院"历史语言研究所，1985年。

［日］松丸道雄、高岛谦一：《甲骨文字字释综览》，日本东京大学东洋文化研究所，1993 年。

（三）研究专著与文集

白玉峥：《甲骨文录研究》，台湾艺文印书馆，1989 年。

蔡运章：《甲骨金文与古史研究》，中州古籍出版社，1993 年。

曹定云：《殷墟妇好墓铭文研究》，台湾文津出版社，1993 年。

曹锦炎、沈建华等：《甲骨文校释总集》，上海辞书出版社，2006 年。

常耀华：《殷墟甲骨非王卜辞研究》，线装书局，2006 年。

常玉芝：《商代周祭制度》，中国社会科学出版社，1987 年。

常玉芝：《殷商历法研究》，吉林文史出版社，1998 年。

常玉芝：《商代宗教祭祀》，中国社会科学出版社，2010 年。

陈邦福：《殷虚埋契考》，自写石印本，1928 年。

陈邦福：《殷虚甄微》，石印本一册，1928 年。

陈邦福：《殷契辨疑》，石印本一册，1929 年；又收入北京图书馆甲骨文研究资料编委会编：《甲骨文研究资料汇编》，北京图书馆出版社，2000 年。

陈邦福：《殷契说存》，石印本一册，1929 年。

陈邦怀：《殷虚书契考释小笺》，石印本一册，1925 年。

陈邦怀：《殷契拾遗》，石印本一册，1927 年。

陈邦直：《殷契賸义》，自写石印本一册，1930 年。

陈剑：《甲骨金文考释论集》，线装书局，2007 年。

陈梦家：《殷虚卜辞综述》，科学出版社，1956 年。

陈年福：《甲骨文词义论稿》，上海古籍出版社，2008 年。

陈年福：《殷墟甲骨文摹释全编》，线装书局，2010 年。

丁山：《甲骨文所见氏族及其制度》，科学出版社，1956 年。

董作宾：《商代龟卜之推测》，载《安阳发掘报告》第一册，1929

年；又影印版，1996年。

董作宾：《殷历谱》，"中研院"历史语言研究所专刊，石印本，1945年；又台湾艺文印书馆再版，1963年；又收入《董作宾先生全集》乙编第一、二册，台湾艺文印书馆，1977年。

方述鑫：《殷墟卜辞断代研究》，台湾文津出版社，1992年。

冯时：《百年来甲骨文天文历法研究》，中国社会科学出版社，2011年。

宫长为、徐义华：《殷遗与殷鉴》，中国社会科学出版社，2011年。

古育安：《殷墟花东H3甲骨刻辞所见人物研究》，台湾花木兰文化出版社，2013年。

管燮初：《殷虚甲骨刻辞的语法研究》，中国科学院，1953年。

郭沫若：《甲骨文字研究》，大东书局石印本，1931年；又改订再版，1952年。

韩江苏：《殷墟花东H3卜辞主人"子"研究》，线装书局，2007年。

韩江苏、江昌林：《〈殷本纪〉订补与商史人物徵》，中国社会科学出版社，2010年。

胡厚宣：《甲骨学商史论丛》二集，齐鲁大学国学研究所专刊之一，1945年；又《甲骨学商史论丛初集》，大通书局，1972年；《甲骨学商史论丛续集》，大通书局，1973年；《甲骨学商史论丛三集》，大通书局，1983年。

胡厚宣：《甲骨学商史论丛初集》，齐鲁大学国学研究所专刊之一，1944年；又河北教育出版社再版，2002年。

胡厚宣主编，王宇信、杨升南任总审校：《甲骨文合集释文》，中国社会科学出版社，1999年。

黄天树：《黄天树古文字论集》，学苑出版社，2006年。

黄天树：《黄天树甲骨金文论集》，学苑出版社，2014年。

黄天树：《殷墟王卜辞的分类与断代》，科学出版社，2007年。

黄锡全:《古文字论丛》,台湾艺文印书馆,1999年。

黄锡全:《古文字与古货币文集》,文物出版社,2009年。

柯昌济:《殷虚书契补释》,自刻本一册,1921年。

李民:《殷商社会生活史》,河南人民出版社,1993年。

李圃:《甲骨文选注》,上海古籍出版社,1989年。

李孝定:《甲骨文字集释》,"中研院"历史语言研究所手抄影印,1965年;又再版,1970年。

李学勤:《殷代地理简论》,科学出版社,1959年。

李学勤、彭裕商:《殷墟甲骨分期研究》,上海古籍出版社,1996年。

李学勤:《李学勤文集》,上海辞书出版社,2005年。

李雪山:《商代分封制度研究》,中国社会科学出版社,2004年。

李宗焜:《凿破鸿蒙:纪念董作宾逝世五十周年》,"中研院"历史语言研究所,2013年。

刘桓:《甲骨征史》,黑龙江教育出版社,2002年。

刘翔、陈抗、陈初生、董琨:《商周古文字读本》,语文出版社,1989年。

刘兴隆:《甲骨文集句简释》,中州古籍出版社,1986年。

刘源:《商周祭祖礼研究》,商务印书馆,2004年。

芦金峰:《甲骨文与民族传统体育因素研究》,中国社会科学出版社,2015年。

罗琨:《甲骨文解谜》,长江文艺出版社,2002年。

罗琨:《商代战争与军制》,中国社会科学出版社,2010年。

罗振常:《洹洛访古游记》,河南人民出版社,1987年。

罗振玉:《殷商贞卜文字考》,玉简斋石印本,1910年。

罗振玉:《殷虚书契考释》,王国维手写石印本,1914年;又东方学会石印增订本,1927年;又收入《罗雪堂先生全集》三编第一册,台北大通书局,1970 年。

罗振玉:《五十日梦痕录》,雪堂丛刊本,1915 年;又收入《罗雪堂先生全集》三编第二十册,台北文华出版公司,1970 年。

彭邦炯:《甲骨文农业资料考辨与研究》,吉林文史出版社,1997 年。

彭邦炯:《甲骨文医学资料释文考辨与研究》,人民卫生出版社,2008 年。

濮茅左、徐谷甫:《商甲骨文选》,上海书店,1990 年。

齐航福:《殷墟甲骨文宾语语序研究》,中西书局,2015 年。

裘锡圭:《古文字论集》,中华书局,1992 年。

裘锡圭:《裘锡圭学术文集·甲骨文卷》,复旦大学出版社,2012 年。

屈万里:《殷墟文字甲编考释》,"中研院"历史语言研究所,1961 年。

饶宗颐:《殷代贞卜人物通考》,香港大学出版社,1959 年。

商承祚:《殷虚文字》,广州中山大学讲义石印本,1927 年。

商承祚:《甲骨文及钟鼎文字研究》,北京大学讲义石印本,1930 年。

商承祚著,商志谭校订:《甲骨文字研究》,天津古籍出版社,2008 年。

沈培:《殷墟甲骨卜辞语序研究》,文津出版社,1992 年。

宋镇豪、刘源:《甲骨学殷商史研究》,福建人民出版社,2006 年。

宋镇豪:《商代社会生活与礼俗》,中国社会科学出版社,2010 年。

宋镇豪:《商代史论纲》,中国社会科学出版社,2011 年。

孙常叙:《龟甲兽骨文字集联》,东北师范大学出版社,1987 年。

孙亚冰、林欢:《商代地理与方国》,中国社会科学出版社,

2010 年。

孙亚冰：《殷墟花园庄东地甲骨文例研究》，上海古籍出版社，2014 年。

孙诒让：《契文举例》，自刻本，1904 年；吉石盦丛书本，1917 年；上海蟫隐庐石印本，1927 年。

王国维：《殷卜辞中所见先公先王考》《殷卜辞中所见先公先王续考》，自写石印本，1917 年；又收入《观堂集林》，乌程蒋氏刊本，1921 年；又收入《海宁王忠悫公遗书》，海宁王氏石印本，1927 年。

王国维：《殷周制度论》，编入《学术丛书》，1917 年；又乌程蒋氏仿宋聚珍本，1923 年；又收入 1927 年《海宁王忠悫公遗书》；收入《王国维遗书》，上海书店出版社，1983 年。

王国维：《戬寿堂所藏殷虚文字考释》，《艺术丛编》第三集石印本，1917 年；又台湾艺文印书馆影印本，1980 年。

王国维：《古史新证》，清华研究院油印讲义本，1925 年。又载《国学月报》1927 年第二卷八、九、十期合刊，"王静安专号"。

王国维：《观堂集林》，中华书局，1959 年。

王晖：《古文字与商周史新证》，中华书局，2003 年。

王建生、朱歧祥主编：《花园庄东地甲骨论丛》，台北圣环图书股份有限公司，2006 年。

王宇信：《西周甲骨探论》，中国社会科学出版社，1984 年。

王宇信、徐义华：《商代国家与社会》，中国社会科学出版社，2011 年。

王宇信、杨升南、聂玉海：《甲骨文精粹选读》，语文出版社，1989 年。

王宇信、杨升南、聂玉海：《甲骨文精粹释译》，云南人民出版社，2004 年。

王蕴智：《殷周古文同源分化现象探索》，吉林人民出版社，

1996 年。

王蕴智：《字学论集》，河南美术出版社，2004 年。

王蕴智：《殷商甲骨文研究》，科学出版社，2010 年。

王震中：《商代都邑》，中国社会科学出版社，2010 年。

王震中：《商族起源与先商社会变迁》，中国社会科学出版社，2010 年。

王子杨：《甲骨文字形类组差异现象研究》，中西书局，2013 年。

魏慈德：《殷墟 YH127 坑甲骨卜辞研究》，台湾花木兰文化出版社，2011 年。

温少峰、袁庭栋：《殷墟卜辞研究——科学技术篇》，四川省社会科学院，1983 年。

吴俊德：《殷墟第三四期甲骨断代研究》，台湾艺文印书馆，1999 年。

吴俊德：《殷卜辞先王称谓综论》，台北里仁书局，2010 年。

肖楠：《甲骨学论文集》，中华书局，2010 年。

萧艾：《甲骨文史话》，文物出版社，1980 年。

严一萍：《续殷历谱》，台湾艺文印书馆，1955 年。

严一萍：《柏根氏旧藏甲骨文字考释》，台湾艺文印书馆影印本，1978 年；又收入《严一萍先生全集甲编之三（第一函）》，台湾艺文印书馆，1990 年。

严一萍：《殷虚书契续编研究》，台湾艺文印书馆，1978 年；又收入《严一萍先生全集甲编之五（第二函）》，台湾艺文印书馆，1991 年。

严一萍：《北京大学国学门藏殷虚文字考释》，台湾艺文印书馆，1980 年；又收入《严一萍先生全集甲编之八（第三函）》，台湾艺文印书馆，1991 年。

严一萍：《戬寿堂所藏殷虚文字考释》，台湾艺文印书馆，1980 年；又收入《严一萍先生全集甲编之七（第三函）》，台湾艺文印书馆,1991 年。

严一萍:《殷虚第一次发掘所得甲骨考释》,台湾艺文印书馆,1980 年;又收入《严一萍先生全集甲编之四(第一函)》,台湾艺文印书馆,1991 年。

严一萍:《甲骨古文字研究》,台湾艺文印书馆,1976 年第一辑、1989 年第二辑、1990 年第三辑。

杨升南:《甲骨文商史丛考》,线装书局,2007 年。

杨升南、马季凡:《商代经济与科技》,中国社会科学出版社,2010 年。

杨树达:《积微居甲文说》,中国科学院,1954 年;又 1986 年上海古籍出版社将此书与《耐林庼甲文说·卜辞求义》合为一册再版。

姚孝遂、肖丁:《小屯南地甲骨考释》,中华书局,1985 年。

姚萱:《殷墟花园庄东地甲骨卜辞的初步研究》,线装书局,2006 年。

叶玉森:《殷契钩沉》,手写石印本,载《学衡》第二十四期,1923 年。

叶玉森:《殷虚书契前编集释》,上海大东书局石印本,1933 年。

于省吾:《双剑誃殷契骈枝》初编,石印本,1940 年;《双剑誃殷契骈枝》续编,石印本,1941 年;《双剑誃殷契骈枝》三编,石印本,1944 年。

于省吾:《甲骨文字释林》,中华书局,1979 年。

喻遂生:《甲金语言文字研究论集》,巴蜀书社,2002 年。

张惟捷:《殷墟 YH127 坑宾组甲骨新研》,台湾万卷楼图书股份有限公司,2013 年。

张玉金:《甲骨文语法学》,学林出版社,2001 年。

赵林:《殷契释亲——论商代的亲属称谓及亲属组织制度》,

上海古籍出版社，2011 年。

　　赵鹏：《殷墟甲骨文人名与断代的初步研究》，线装书局，2007 年。

　　郑慧生：《甲骨卜辞研究》，河南大学出版社，1998 年。

　　郑杰祥：《商代地理概论》，中州古籍出版社，1994 年。

　　郑振峰：《甲骨文字构形系统研究》，上海教育出版社，2006 年。

　　钟柏生：《殷商卜辞地理论丛》，台湾艺文印书馆，1989 年。

　　朱芳圃：《殷周文字释丛》，中华书局影印本，1962 年；又台北学生书局影印本，1972 年。

　　朱凤瀚：《商周家族形态研究》，天津古籍出版社，1990 年。

　　朱歧祥：《殷墟甲骨文字通释稿》，台北文史哲出版社，1989 年。

　　朱歧祥：《周原甲骨研究》，台湾学生书局，1997 年。

　　朱彦民：《巫史重光——殷墟甲骨发现记》，百花文艺出版社，2001 年。

　　［韩］具隆会：《甲骨文与殷商时代神灵崇拜研究》，中国社会科学出版社，2013 年。

　　［韩］李旼姈：《甲骨文例研究》，台北政治大学中国文学系硕士学位论文，1999 年；又台湾古籍出版有限公司，2003 年。

　　［韩］朴仁顺：《殷商甲骨文形义关系研究》，中国社会科学出版社，2006 年。

　　［加］许进雄：《甲骨上钻凿形态的研究》，台湾艺文印书馆，1979 年。

　　［加］许进雄：《明义士收藏甲骨释文篇》，加拿大皇家安大略博物馆，1977 年。

　　［加］许进雄《卜骨上的凿钻形态》，台湾艺文印书馆，1973 年。

　　［日］白川静：《汉字的世界》，日本东京平凡社，1976 年。

　　［日］白川静：《甲骨文の世界——古代殷王朝の構造》，日本东京平凡社，1972 年；又温天河、蔡哲茂译，台北巨流公司，1977 年。

〔日〕赤塚忠：《小屯第二本・殷虚文字甲编释文（上）》，日本东京甲骨学会，1964 年。

〔日〕赤塚忠：《中国古代的宗教与文化——殷王朝的祭祀》（《中国古代の宗教と文化——殷王朝の祭祀》），日本东京角川书店，1977 年。

〔日〕岛邦男：《殷墟卜辞研究》，日本弘前大学文理学部中国学研究会，1958 年；又温天河、李寿林译中文本，台湾鼎文印书局，1975 年；又濮茅左、顾伟良译，上海古籍出版社，2006 年。

（四）期刊、析出文献与学位论文

白于蓝：《〈殷墟甲骨刻辞类纂〉校订》，吉林大学博士学位论文，1998 年。

毕晓净：《周原甲骨文字研究——从字素的角度考察》，新疆师范大学硕士学位论文，2006 年。

蔡哲茂：《论卜辞中所见商代宗法》，日本东京大学博士学位论文，1991 年。

蔡哲茂：《殷礼丛考》，台湾大学硕士学位论文 1978 年。

曹定云：《论武乙、文丁祭祀卜辞》，《考古》1983 年第 3 期。

曹定云：《殷墟四盘磨"易卦"卜骨研究》，《考古》1989 年第 7 期。

曹君：《殷商甲骨文形声字研究》，广州大学硕士学位论文，2010 年。

常耀华：《子组卜辞人物研究》，中国社会科学院硕士学位论文，2003 年。

晁福林：《商代易卦筮法初探》，《考古与文物》1997 年第 5 期。

陈丹：《甲骨文基础字形构形与使用研究》，安徽大学博士学位论文，2011 年。

陈年福：《甲骨文词义研究》，郑州大学博士学位论文，2003 年。

陈年福：《甲骨文动词词汇研究》，西南师范大学文献研究所硕士学位论文,1996 年;又巴蜀书社,2001 年。

陈全方:《陕西岐山凤雏村西周甲骨文概论》,《四川大学学报丛刊》第十辑《古文字研究论文集》,四川人民出版社,1982 年。

陈婷珠:《殷商甲骨文字形系统再研究》,华东师范大学博士学位论文,2007 年。

陈炜湛:《"历组卜辞"的讨论与甲骨文断代研究》,《出土文献研究》,文物出版社,1985 年。

陈志达:《殷墟五号墓的年代与墓主问题》,中国考古学会成立暨第一次年会论文,西安,1979 年。

程邦雄:《孙诒让文字学之研究》,华东师范大学博士学位论文,2004 年。

池现平:《近现代甲骨文书法研究》,河南大学硕士学位论文,2012 年。

董作宾:《大龟四版考释》,载《安阳发掘报告》第三期,1931 年。

董作宾:《骨文例》,载《"中研院"历史语言研究所集刊》第七本第一分本,1936 年。

董作宾:《甲骨文断代研究例》,载《"中研院"历史语言研究所集刊外编——庆祝蔡元培先生六十五岁论文集》上册,1933 年;又《"中研院"历史语言研究所专刊》之五十附册,1965 年;又收入《董作宾先生全集》甲编第二册,台湾艺文印书馆,1977 年。

范毓周:《试论灭商以前的商周关系》,《史学月刊》1981 年第1 期。

方稚松:《殷墟卜辞中天象资料的整理与研究》,首都师范大学硕士学位论文,2004 年。

方稚松:《殷墟甲骨文五种记事刻辞研究》,首都师范大学博士学位论文,2007 年;又线装书局,2009 年。

甘露:《甲骨文数量、方所范畴研究》,西南师范大学硕士学位论文,2001年。

高洪菊:《〈甲骨文合集〉3、4册资料搜集和整理》,首都师范大学硕士学位论文,2014年。

管燮初:《商周甲骨和青铜器上的卦爻辨识》,《古文字研究》第六辑,中华书局,1981年。

桂娟:《商代甲骨文形声字研究》,河南大学研究生硕士学位论文,1995年。

郭沫若:《卜辞中的古代社会》,载《中国古代社会研究》第三编,1930年。

韩江苏:《甲骨文中的沚𢆫》,中国社会科学院硕士学位论文,2001年。

韩胜伟:《甲骨卜辞占辞研究》,西南大学硕士学位论文,2015年。

韩智钧:《殷商出组贞人具名甲骨文书刻研究》,郑州大学硕士学位论文,2017年。

郝士宏:《古汉字同源分化研究》,安徽大学博士学位论文,2002年。

郝文勉:《〈商代文字汇编〉的基础整理及研究》,郑州大学博士学位论文,2005年。

何会:《殷墟宾组卜辞正反相承例研究》,首都师范大学硕士学位论文,2009年。

胡厚宣:《殷代封建制度考》,《甲骨学商史论丛初集》第1册,成都齐鲁大学国学研究所专刊,1944年;又香港文友堂书店影印本,1970年。

胡厚宣:《释"余一人"》,《历史研究》1957年第1期。

胡厚宣:《关于"卜用三骨"的佐证》,《文物》1972年第1期。

胡厚宣:《重论"余一人"问题》,《古文字研究》第六辑,中华书局,1981年。

季旭升：《甲骨文字根研究》，台北台湾师范大学博士学位论文，1990年；又修订自刊本，1995年；又台北文史哲出版社，2003年。

贾晨：《中国国家图书馆藏甲骨文字（2201－4300、6801－7300）校订》，吉林大学硕士学位论文，2016年。

蒋玉斌：《殷墟子卜辞的整理与研究》，吉林大学博士学位论文，2006年。

金富贤：《殷墟E16坑甲骨研究》，中国社会科学院硕士学位论文，2000年。

金河钟：《殷商金文词汇研究》，山东大学博士学位论文，2008年。

金祥恒：《论贞人扶的分期问题》，《董作宾先生逝世十四周年纪念刊》，台湾艺文印书馆，1978年。

金洋：《吉德炜的甲骨学研究》，西南大学硕士学位论文，2015年。

康盛楠：《杨树达文字学研究》，华中科技大学博士学位论文，2013年。

雷缙碚：《殷商甲骨文字构形系统形义关系研究》，西南大学博士学位论文，2013年。

李爱民：《甲骨文字考释汇纂（2000—2010）》，吉林大学硕士学位论文，2015年。

李发：《商代武丁时期甲骨军事刻辞的整理与研究》，西南大学博士学位论文，2011年。

李立新：《甲骨文中所见祭名研究》，中国社会科学院博士学位论文，2003年。

李霜洁：《殷墟小屯村中村南甲骨刻辞类纂》，复旦大学硕士学位论文，2014年。

李彤：《甲骨文形声字声符研究》，北京师范大学硕士学位论文，1993年。

李文佳：《上海博物馆藏甲骨文字（下）校订》，吉林大学硕士学位论文,2015 年。

　　李晓晓:《甲骨卜辞灾咎义词语研究》,西南大学硕士学位论文,2017 年。

　　李学勤:《帝乙时代的非王卜辞》,《考古学报》1958 年第 1 期。

　　李学勤:《论"妇好"墓的年代及有关问题》,《文物》1977 年第 11 期。

　　李学勤:《小屯南地甲骨与甲骨分期》,《文物》1981 年第 5 期。

　　李学勤:《试论孤竹》,《社会科学战线》1983 年第 2 期。

　　李学勤:《西周筮数陶罐的研究》,《人文杂志》1990 年第 6 期。

　　李学勤、彭裕商:《殷墟甲骨分期新论》,《中原文物》1990 年第 3 期。

　　李学勤:《殷虚甲骨分期的两系说》,《古文字研究》第十八辑,中华书局,1992 年。

　　李雪山:《商代封国方国及其制度研究》,郑州大学博士学位论文,2001 年。

　　李宗焜:《甲骨文字释林研究》,台湾大学硕士学位论文,1990 年。

　　李宗焜:《殷墟甲骨文字表》,北京大学博士学位论文,1995 年。

　　连劭名:《历组卜辞研究》,北京大学硕士学位论文,1982 年。

　　梁国真:《商周时代的东夷与淮夷》,台湾私立文化大学博士学位论文,1994 年。

　　梁敏:《甲骨文、金文字形与商代手工业研究》,陕西师范大学硕士学位论文,2010 年。

　　梁万基:《殷商甲骨文"于"字用法研究》,台湾成功大学硕士学位论文,1994 年。

　　林沄:《甲骨断代中一个重要问题的再研究》,吉林大学研究生毕业论文,1965 年。

　　刘春娟:《甲骨文对贞卜辞的语用研究》,西南大学硕士学位论文,2010 年。

刘风华:《殷墟村南系列甲骨卜辞的整理与研究》,郑州大学博士学位论文,2007 年;上海古籍出版社,2014 年。

刘海琴:《殷墟甲骨祭祀卜辞中"伐"之词性考》,华东师范大学博士学位论文,2006 年。

刘青:《甲骨文句型研究》,西南师范大学硕士学位论文,1997 年。

刘一曼、郭振禄、温明荣:《考古发掘与卜辞断代》,《考古》1986 年第 6 期。

柳学智:《甲骨文与甲骨文书法》,华中师范大学硕士学位论文,2002 年。

吕源:《殷墟甲骨文建筑词汇初步研究》,首都师范大学硕士学位论文,2006 年。

门艺:《西周甲骨文研究》,西南师范大学硕士学位论文,2005 年。

孟琳:《〈殷墟花园庄东地甲骨〉词汇研究》,西南大学硕士学位论文,2006 年。

牛申那:《从甲骨卜辞中看帚好的社会地位》,郑州大学硕士学位论文,2000 年。

彭裕商:《宾组卜辞的时代分析》,四川大学历史系编:《徐中舒先生九十寿辰纪念文集》,巴蜀书社,1990 年。

邱璐:《武乙、文丁时期卜辞之再分析》,北京大学硕士学位论文,1997 年。

曲英杰:《中国奴隶制时代的城市》,中国社会科学院硕士学位论文,1982 年。

饶宗颐:《妇好墓铜器玉器所见氏姓方国小考》,《古文字研究》第十二辑,中华书局,1985 年。

史小松:《基于支持向量机的甲骨文字结构分析研究》,华东师范大学硕士学位论文,2010 年。

宋瑞珊:《殷墟何组卜辞的初步整理》,首都师范大学硕士学位论文,2009 年。

宋镇豪:《殷商王朝甲骨占卜制度的研究》,《炎黄春秋增刊·炎黄文化研究》第 6、7 期,1999—2000 年。

孙超杰:《新出楚系简帛资料对释读甲骨金文的重要性》,吉林大学硕士学位论文,2017 年。

孙亚冰:《殷墟甲骨文中所见方国研究》,中国社会科学院硕士学位论文,2001 年。

王崇月:《宾组甲骨刻辞行款研究》,西南大学硕士学位论文,2016 年。

王晖:《商周文化比较研究》,北京师范大学博士学位论文,1998 年;又人民出版社,2000 年。

王建军:《殷墟卜辞字形特征及类型划分》,郑州大学硕士学位论文,2006 年。

王晓鹏:《甲骨刻辞义位归纳研究》,山东大学博士学位论文,2007 年。

王宇信:《试论殷墟五号墓的年代》,《郑州大学学报(社会科学版)》1979 年第 2 期。

王玉哲:《试述殷代的奴隶制度和国家的形成》,《历史教学》1958 年第 9 期。

温皓月:《出土文献与传世文献之伊尹材料整理及相关问题研究》,吉林大学硕士学位论文,2016 年。

吴慧华:《商承祚文字学之研究》,中国科技大学博士学位论文,2013 年。

伍凌燕:《甲骨文副词研究述评》,武汉大学硕士学位论文,2005 年。

武振玉:《两周金文词类研究(虚词篇)》,吉林大学博士学位论文,2006 年。

夏大兆:《甲骨文字用研究》,安徽大学博士学位论文,2014 年。

萧晟洁:《历组卜辞字体分析》,华东师范大学博士学位论文,2013 年。

徐明波:《殷墟黄组卜辞断代研究》,四川大学博士学位论文,2007 年。

徐锡台:《周原出土的甲骨文所见人名、官名、方国、地名浅释》《探讨周原甲骨文中有关周初的历法问题》,载《古文字研究》第一辑,中华书局,1979 年。

徐艳利:《〈殷墟小屯村中村南甲骨〉整理及文字研究》,西南大学硕士学位论文,2014 年。

徐义华:《甲骨刻辞诸妇考》,中国社会科学院硕士学位论文,1999 年。

许子潇:《西周甲骨材料整理及相关问题研究》,吉林大学硕士学位论文,2017 年。

严一萍:《甲骨文断代研究新例》,"中研院"历史语言研究所集刊外编第四种下册,《庆祝董作宾先生六十五岁论文集》,1960 年。

杨晨:《甲骨档案编纂成果研究》,辽宁大学硕士学位论文,2015 年。

杨杨:《商代田猎刻辞研究》,中国社会科学院博士学位论文,2014 年。

杨郁彦:《殷墟卜辞断代之字形标准研究》,台湾辅仁大学硕士学位论文,2000 年。

杨州:《甲骨金文中所见"玉"资料的初步研究》,首都师范大学博士学位论文,2007 年。

姚萱:《殷墟花园庄东地甲骨卜辞的初步研究》,首都师范大学博士学位论文,2005 年。

于省吾：《四国多方考》，《考古学社社刊》第 1 期，1934 年；又上海书店影印考古社刊上册 1981 年。

张国艳：《甲骨文副词研究》，西南师范大学硕士学位论文，2002 年。

张华文：《从殷商文献看商代语言和上古后期汉语语法的异同》，中山大学硕士学位论文，1982 年。

张军涛：《何组卜辞的整理与研究》，郑州大学硕士学位论文，2009 年。

张亚初、刘雨：《从商周八卦数字符号谈筮法的几个问题》，《考古》1981 年第 2 期。

张玉金：《甲骨卜辞语法研究两篇》，北京大学博士学位论文，1988 年。

张政烺：《卜辞裒田及其相关诸问题》，载《考古学报》1973 年第 1 期；又收入《张政烺文集·甲骨金文与商周史研究》，中华书局，2012 年。

张政烺：《试释周初青铜器铭文中的易卦》，《考古学报》1980 年第 4 期。

章秀霞：《〈甲骨文合集补编·释文〉校订》，郑州大学硕士学位论文，2004 年。

赵红蕾：《甲骨刻辞辨伪研究成果汇总及相关问题研究》，吉林大学硕士学位论文，2016 年。

赵鹏：《殷墟甲骨文中的人名及其对于断代的意义》，首都师范大学博士学位论文，2006 年。

郑春兰：《甲骨文核心词研究》，华中科技大学博士学位论文，2007 年。

郑继娥：《甲骨文动词语法研究》，西南师范大学硕士学位论文，1996 年。

郑继娥：《殷墟甲骨卜辞祭祀动词的语法结构及其语义结构》，四川大学博士学位论文，2004 年。

郑振香、陈志达：《论妇好墓对殷墟文化和卜辞断代的意义》，《考古》1981 年第 6 期。

钟柏生：《卜辞中所见殷王田游地名考——兼论田游地名研究方法》，台湾大学中国文学研究所硕士论文，1972 年。

周国正：《第一期甲骨文中的从属性复句》，加拿大哥伦比亚大学博士学位论文，1982 年。Chou Kwok-Ching. Aspects of Subordinative Composite Sentences in the Period I Oracle Bone Inscriptions. Ph.D. Dissertation University of British Columbia，Canada，1982.

周洋洋：《中国国家图书馆藏甲骨文字(1－2200、7301－8300)校订》，吉林大学硕士学位论文，2016 年。

周忠兵：《卡内基博物馆所藏甲骨的整理与研究》，吉林大学博士学位论文，2009 年。

朱国理：《"月""夕"源流考》，河南大学研究生硕士学位论文，1995 年。

曾德宜：《甲骨文句型类比研究》，台南市成功大学硕士论文，1988 年。

曾小鹏：《〈殷墟花园庄东地甲骨〉词类研究》，西南大学硕士学位论文，2006 年。

左文燕：《殷墟甲骨文反义词研究》，首都师范大学硕士学位论文，2002 年。

［韩］金得洙：《甲骨文之语学的研究》，韩国成均馆大学博士学位论文，1990 年。

［韩］金庆天：《中国殷代甲骨文形声字研究》，韩国高丽大学硕士学位论文，1989 年。

　　[韩]金锡准：《殷虚书契菁华考释》，台湾师范大学硕士学位论文，1980年。

　　[韩]金真熙：《甲骨文指示词研究》，韩国汉阳大学硕士学位论文，1991年。

　　[韩]李彰浩：《殷代甲骨文象形字研究》，韩国高丽大学硕士学位论文，1991年。

　　[韩]柳东春：《殷墟甲骨文记事刻辞研究》，台湾大学硕士学位论文，1989年。

　　[韩]权东五：《甲骨文形声字形成过程研究》，台湾成功大学硕士学位论文，1992年。

　　[美]白瑞华：《卜骨之涂料》，《哈佛亚洲研究杂志》1937年第2卷1期。Roswell S. Britton, Oracle-Bone Color Pigments. Harvard Journal of Asiatic Studies vol.ii, no.1.

　　[美]米凯乐《商朝第一期甲骨文的卜祸辞义辨析》，美国印第安纳大学博士学位论文，1976年。Stanley L. Mickel. A Semantic Analysis of the Disaster Graphs of Period One Shang Dynasty Oracle Bones. PH.D. Dissertation, Indiana University, 1976.

　　[美]皮其莱：《中国卜骨涂料之显微分析》，《工业机械化学杂志》1937年第9卷3期。A. A. Benedetti-Pichler, Microchemical Analysis of Pigments Used in the Fossae of the Incisions of Chinese Oracle Bones. Industrial and Engineering Chemistry Analytical, Vol. ix, no.3.

　　[美]周鸿翔：《商朝行政的几个方面——仅以甲骨文为证据的概论》，堪培拉澳大利亚国立大学博士学位论文，1968年。Chou Hung-hsiang. Some Aspects of Shang Administration: A Survey Based Solely on the Evidance Available in the Oracle Bone Texts. Pholosophy Doctor, Manuscript. Canberra, Australian National

University，1968.

　　［日］池沢优：《甲骨断代分期上の最近の问题点——中国における"历组"论争（甲骨断代分期上的最近的问题点——中国的"历组"论争）》，《考古学期刊（考古学ヅヤ-ナル）》第 281 号 1987 年。

　　［日］高岛谦一：《武丁卜辞中的否定词》，华盛顿大学博士学位论文，1973 年。Ken-ichi Takashima. Negatives in the King Wu-Ting Bone Inscriptions. Ph. Doctor Dissertation，Seattle：University of Washington，1973.

　　［日］崎川隆：《宾组甲骨文字体分类研究》，吉林大学博士学位论文，2009 年；又上海人民出版社，2012 年。

后　记

　　初次接触甲骨文是在 2009 年，不知不觉已经过去了十五年。甲骨文就像种在我心中的一棵幼苗，在这十五年间，已经深深地扎下了根，成为我人生难以割舍的一部分。2008 年经历了 5·12 汶川地震的惊慌后，我考入巢湖学院学习历史学，那时自己对所学专业没有太多了解，可能是从小四大名著看得比较多，唯独对古代的历史、文化、文字有比较浓厚的兴趣，但当时也没有想过以后会从事古文字学。直到 2009 年秋天，有一门专业必修课叫《训诂学基础》，主讲这门课的是李忠林老师，当时李老师在职读博士后，所以上课时间安排在周六下午。李老师学问深厚，讲课娓娓道来，颇有古代儒雅君子之风。有一次李老师讲到古代干支纪时的训释时，他举了一版有关土方、邛方入侵的卜旬辞的例子，这是我第一次接触甲骨文，也正是由于这一次课，我被甲骨文的神奇和魅力深深地吸引了。以后的课间我常常找李老师聊天，发现他竟然是宝鸡人，也算是半个西北老乡，亲切之感油然而生。也正是这个机缘，我得知其博士后合作导师是四川大学彭裕商教授，彭老师的主要研究方向就是古文字学。后来我通过网络检索了彭老师的相关信息，了解到彭老师深厚扎实的学识和端正朴素的学风，从此我暗下决心报考四川大学的研究生，若能有幸成为彭老师的门徒，此生之愿足矣。然而困难也是客观存在的：一方面要实现从普通院校到985 院校的跨越，另一方面自己的英语底子还比较薄弱。出于内心的理想和热爱，我决心放手一搏，并为之付出持之以恒的努力。

2012年2月底考研分数如期公布，承蒙上天垂怜，笔试成绩顺利过关，也承蒙川大和彭老师不弃，我顺利实现了追逐理想的第一步。第一次见彭老师是在3月底考研复试期间，他看上去体格清瘦，但精神抖擞，说一口正宗的成都话，为了照顾我们外地考生，复试提问与交谈时故意说得很慢。考入川大以后，读研期间主要兴趣点在甲骨文，也常常拜读彭老师及徐中舒先生的著作，深感考古学对于古文字学、历史学研究的迫切性，所以研究生毕业以后，又报考了考古学的博士。自徐先生以来，既带历史学又带考古学的博士，这个传统一直延续到彭老师，彭老师指导的方向是"先秦考古（商周青铜器）"，自然而然，我又与古文字学的第二大分支学科结缘。博士期间，除了有机会选修和旁听考古学的主干课程外，自己也大量阅读相关论著，尤其是跟青铜器相关的，如郭宝钧先生的《商周铜器群综合研究》、陈梦家先生的《西周铜器断代》、郭沫若先生的《两周金文辞大系》、唐兰先生的《西周青铜器铭文分代史征》、王世民、陈公柔、张长寿等先生的《西周青铜器分期断代研究》、朱凤瀚先生的《中国青铜器综论》、马承源先生的《中国古代青铜器》、彭老师的《西周青铜器年代综合研究》《春秋青铜器年代综合研究》等，让我对青铜器与金文产生了更为浓厚的兴趣，因此博士论文以《西周青铜酒器研究》为题。虽然那时自己对相关的研究方法掌握得还不是很透彻，但在彭老师的孜孜教诲下，深刻体会到研究方法和多学科知识背景对于古文字学研究的重要性。如今我成了一名导师，对自己的研究生强调比较多的仍然是这些。研究生阶段广泛的阅读、开阔的视野是十分必要的。

2012年至今，不知不觉已经过去十多年，回首往事，人生的际遇就在飘忽一瞬间，青年时代的一个选择，常常会成为生命路途的重要转折点。历史学虽然是基础学科，但在当时的社会环境下可谓冷门,而古文字学则更是冷门中的冷门。当时全国有古文字学专业的学校屈指可数,就业前景也十分渺茫。在报考研究生前,向师友及父母询问意见,前者从就业及现实的角度不建议报考古文字学,毕竟自己出身农村,家境又不富裕,得考虑一些现实因素。而父母则支持我自己的选择,他们常说,外面的世界我们不了解,专业性的东西我们更不懂,路是你自己选的,只要你下定决心去做,我们会全力以赴地支持。每每想起这些,我便备受鼓舞,矢志不渝。

甲骨文是世界上为数不多的古老文字之一,是我们先辈最伟大的发明。如果连我们自己都不去学习、不去继承,那它的命运可想而知,更为重要的是我对这些文字还如此热爱与执着。我想我还是比较幸运的,近年来,古文字迎来了发展的春天,国家高度重视以甲骨文为代表的古文字学及传统文化的传承与发展,相继成立了"甲骨文等古文字研究与应用专家委员会""古文字与中华文明传承发展工程专家委员会"。2017 年甲骨文成功入选世界记忆名录,成为国际性的文化遗产,甲骨学的研究跨上新台阶。2020年不少高校将古文字学研究方向列入"强基计划",古文字学的传承与发展正在有序进行。自踏入学术之路的第一天起,自己便偷偷许下两大宏愿,一是毕生从事古文字学的研究,希望能够看到中国文字的起源;二是希望能够看到中华文明起源的探索有一个准确的结论。前者自己尚可尽绵薄之力,后者由于学科及知识水平的局限只能寄托于他人。然亦心向往之。

学海浩瀚,独求一瓢。十几年来,自己以鲁钝之资竭力追逐,虽略有所获,但多不足道。今不揣冒昧,将自己近年来在甲骨学方面一些不成熟的想法集结成文,编著成这本小册子,取名为《出组卜辞与殷商史事钩沉》,希望能够抛砖引玉,引起对相关问题的继续讨论。全书除绪论外,总计七章,从内容上大致可以分为三类,分期断代(一、二章)、人物事类(三、四、五章)、礼仪制度(六、七章),前者属于本体性的研究,后二者属于本体衍生出来相关现象的研究,若将前者譬喻为"体",后二者则为"用"。至于书中的具体内容,读者或可自行参看,此不再重复。但需要说明的是,限于学识浅陋,文中观点若有前人已述者,绝不敢掠人之美,若存在讹误或表达不当的地方,恳请学界同仁批评指正。

最后,感谢彭裕商师为本书作序以及多年来对我的悉心栽培和教导,感谢父母亲人、妻子在我求学、工作过程中全心全意的帮助,使我免去许多后顾之忧,感谢学界师友们对我长期以来的提携和关照,感谢四川大学古文字与先秦史研究中心对本书出版的慷慨资助,感谢上海古籍出版社为本书的顺利出版所付出的艰辛劳动。

韩文博
岁次甲辰年暮春三月记于川大望江古文字资料室

图书在版编目(CIP)数据

出组卜辞与殷商史事钩沉 / 韩文博著. —上海：
上海古籍出版社，2024.5
ISBN 978-7-5732-1094-4

Ⅰ.①出… Ⅱ.①韩… Ⅲ.①甲骨文-研究②中国历史-研究-商周时代 Ⅳ.①K877.14②K223.07

中国国家版本馆 CIP 数据核字（2024）第 076672 号

出组卜辞与殷商史事钩沉

韩文博 著

上海古籍出版社出版发行

（上海市闵行区号景路 159 弄 1－5 号 A 座 5F 邮政编码 201101）

(1) 网址：www.guji.com.cn

(2) E-mail：guji1@guji.com.cn

(3) 易文网网址：www.ewen.co

上海天地海设计印刷有限公司印刷

开本 890×1240 1/32 印张 7.625 插页 2 字数 185,000

2024 年 5 月第 1 版 2024 年 5 月第 1 次印刷

印数：1—1,300

ISBN 978-7-5732-1094-4

K·3564 定价：58.00 元

如有质量问题,请与承印公司联系